El Dr. Jaerock Lee se encontró al borde de la muerte durante siete años ya que padecía de una variedad de enfermedades, pero recibió la sanidad completa cuando conoció al Dios vivo. Posteriormente el Dr. Lee fue llamado como siervo de Dios y en 1982 fundó la Iglesia Central Manmin en Seúl, Corea. Desde ese entonces la Iglesia Manmin ha crecido, y en los últimos 29 años se ha convertido en una congregación de 120.000 miembros. Por medio de su ministerio, el Dr. Lee ha manifestado el poder de Dios en el nombre de Jesucristo y ha glorificado a Dios con señales y maravillas milagrosas. Por medio de innumerables evidencias tangibles, Dios ha confirmado una y otra vez los mensajes proclamados por el Dr. Lee en todo lugar en el que ha conducido cruzadas internacionales, en muchos países como Uganda, Japón, Pakistán, Kenia, las Filipinas, Honduras, India, Rusia, Alemania, Perú, República Democrática de Congo, Nueva York en los Estados Unidos, Israel y Estonia. Estas cruzadas se han transmitido al mundo entero por televisión e Internet. De manera muy particular, su ministerio poderoso durante la 'Cruzada del Santo Evangelio en Uganda', en el año 2000, se presentó en la Red de Noticias por Cable (CNN por sus siglas en inglés). Durante la 'Cruzada Unida Israel 2009' realizada en el Centro Internacional de Convenciones de Jerusalén, Israel, el Dr. Lee proclamó a Jesucristo como Mesías; esta cruzada se transmitió en vivo a 220 naciones. Hasta el momento el Dr. Lee ha escrito 63 libros llenos de la preciosa Palabra de Dios y ha guiado a multitud de almas hacia el camino de la salvación. Una de sus obras poderosas titulada *EL MENSAJE DE LA CRUZ* ha despertado de su adormecimiento espiritual a un gran número de almas en todo el mundo.

Alrededor del mundo

Por medio del panorama del poder de Dios, él ha proclamado valientemente al mundo la existencia de Dios, el Único y Absoluto Salvador de toda la humanidad, Jesucristo, y la veracidad de todo lo escrito en la Biblia.

"Levántate, resplandece"
(Isaías 60:1)

"Porque la tierra será llena del conocimiento de la gloria de Jehová, como las aguas cubren el mar" (Habacuc 2:14).

4

5

Docenas de cruzadas internacionales conducidas por el Dr. Jaerock Lee han sacudido al mundo con el poder del Espíritu Santo

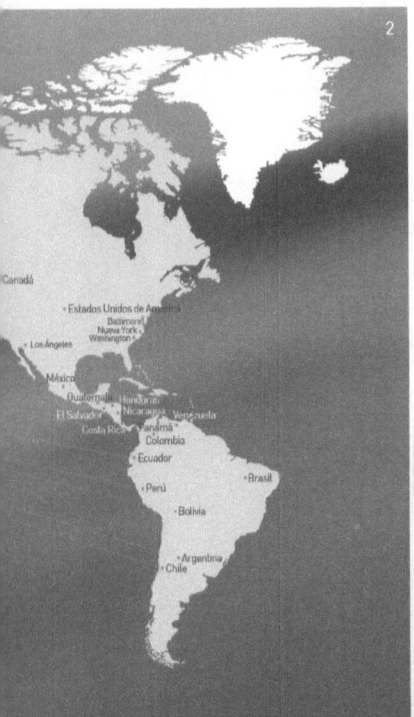

1 Cruzada del Santo Evangelio en Kenia
2 Ministerio Mundial de la Iglesia Central Manmin
3 Gran Cruzada Unida en Pakistán
4 Cruzada del Santo Evangelio en Uganda
5 Cruzada de Sanidad y Avivamiento en Filipinas
6 Cruzada de Sanidad Milagrosa en Honduras
7 Cruzada en Nueva York

Alrededor del mundo

"Pero recibiréis poder, cuando haya venido sobre vosotros el Espíritu Santo, y me seréis testigos en Jerusalén, en toda Judea, en Samaria, y hasta lo último de la tierra" (Hechos 1:8).

Docenas de cruzadas internacionales conducidas por el Dr. Jaerock Lee han sacudido al mundo con el poder del Espíritu Santo

1 Festival de Sanidad Milagrosa en República Democrática de Congo
2 Cruzada de Sanidad Milagrosa en Estonia
3 Cruzada Unida Israel
4 Cruzada de Sanidad en Perú
5 Festival de Sanidad en Alemania
6 Festival de Sanidad Milagrosa en Rusia
7 Festival de Oración por Sanidad Milagrosa en India

GOD is GREAT

Alrededor del mundo

MIRACLE HEALING PRAYER FESTIVAL 2002

JESUS CHRIST HEALS

Revival of Gods Power and Authority in India

"Una vez habló Dios; Dos veces he oído esto: Que de Dios es el poder" (Salmos 62:11).

Docenas de cruzadas internacionales conducidas por el Dr. Jaerock Lee han sacudido al mundo con el poder del Espíritu Santo

A través del Dr. Jaerock Lee, a quien Dios apoya con Su presencia y poder, el tipo de sanidad bíblica que es simplemente imposible para el poder humano, toma lugar incluso en la actualidad. En cada cruzada internacional, innumerables personas han recibido la sanidad de parte de Dios para enfermedades incurables y terminales tales como el SIDA, cáncer y similares justo en el lugar donde el Dr. Lee ha orado, no necesariamente poniendo sus manos sobre cada enfermo, pero orando por todos desde el púlpito.

1 Cruzada Unida Israel
2 Festival de Oración Milagrosa en India
3 Invitado por el Presidente Joseph Kabila de República Democrática de Congo en el 2006

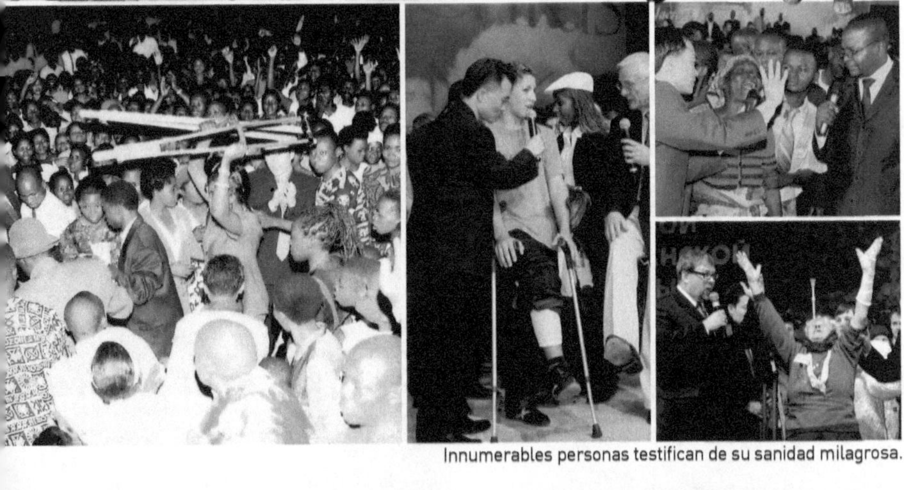

Innumerables personas testifican de su sanidad milagrosa.

Iglesia Central Manmin

La Iglesia Central Manmin se encarga de la evangelización nacional y misión mundial.

Hasta marzo de 2011, la Iglesia Manmin tiene 44 iglesias filiales y 13 santuarios locales en las principales ciudades de Corea del Sur y aproximadamente 9.000 iglesias filiales internacionales en todo rincón del mundo. Cada servicio de adoración de la Iglesia Central Manmin se transmite en vivo a sus iglesias filiales en Corea y otros países ya sea vía satélite (NSS-6 (New Skies Satellites 6), ThaiCom 5, Galaxy 19, ABS 1), por la Red Cristiana Mundial (GCN por sus siglas en inglés), y al resto del mundo vía Internet. Además Manmin conduce activamente otras obras ministeriales incluyendo la publicación de libros, periódicos y revistas, y mediante las artes escénicas. También ha tomado la batuta en el cumplimiento de la misión mundial y de la preparación de la obra misionera en Corea del Norte. La Iglesia Central Manmin ha sido comisionada a construir el Gran Santuario, el cual servirá para revelar en gran manera la gloria de Dios.

1 Presentación de Pascua
2 Aniversario de la Iglesia
3 Orquesta Nissi
4 Ceremonia de lanzamiento de la Red Cristiana Mundial (GCN por sus siglas en inglés)
5 Conferencia de la Red Mundial de Médicos Cristianos (WCDN por sus siglas en inglés) en el año 2006

"Levántate, resplandece; porque ha venido tu luz, y la gloria de Jehová ha nacido sobre ti" (Isaías 60:1).

EL
MENSAJE
DE LA
CRUZ

EL
MENSAJE
DE LA
CRUZ

Dr. Jaerock Lee

URIM
BOOKS

El Mensaje de la Cruz por el Dr. Jaerock Lee
Publicado por Libros Urim (Representante: Seongnam Vin)
235-3, Guro-dong 3, Guro-gu, Seúl, Corea
www.urimbooks.com

A menos que se indique lo contrario, todos los textos bíblicos han sido tomados de la versión Reina-Valera © 1960 Sociedades Bíblicas en América Latina; © renovado 1988 Sociedades Bíblicas Unidas. Utilizado con permiso.

Publicado previamente en coreano por Urim Books, Seúl, Corea, en 2006

Primera Edición Noviembre de 2004 por Urim Books
Segunda Edición Marzo de 2008 por Editorial Nueva Vida, Inc.
Tercera Edición Julio de 2011 por Urim Books

Edición en coreano por: Geumsun Vin
Traducido al español por: Aldo Guido Spano Amoretti
Edición en español por: Lic. Elena de Medina
Diseño por la Oficina de Ediciones de Libros Urim
Impreso por Yewon Printing Company
Para mayor información contáctese con urimbook@hotmail.com

PREFACIO

Deseo que ustedes puedan, a través de este libro, conocer y entender el corazón de Dios y el gran plan de amor que tiene para ustedes y que, asimismo, les sirva de firme fundamento para su fe...

Desde 1986, *El Mensaje de la Cruz* ha guiado a multitud de personas al camino de la salvación y ha mostrado innumerables obras del Espíritu Santo a través de muchas cruzadas en el extranjero. Finalmente, Dios Padre me bendijo con su publicación. A Él le doy las gracias y la gloria.

Mucha gente dice que cree en el Dios Creador y dice saberdel amor de Su Hijo Jesucristo, pero no son capaces de predicar el Evangelio con confianza. De hecho, solo unos pocos cristianos conocen el corazón y la providencia de Dios. Mas aún, algunos cristianos se han alejado de Dios porque nunca han recibido respuestas claras a las muchas interrogantes que se plantean en la Biblia, ni han entendido el misterio de la providencia o propósito del amor de Dios.

Por ejemplo, ¿Qué diría usted si alguien le formula las siguientes tres preguntas?: "¿Por qué Dios colocó el árbol del conocimiento del bien y del mal, y permitió que el hombre comiera del fruto de ese árbol?", "¿Por qué Dios creó el infierno, aun cuando sacrificó a Su Hijo Jesucristo por los pecadores?", y "¿Por qué Jesús es el único Salvador?"

Durante los primeros años de mi vida cristiana, no pude entender la profundidad de la providencia de Dios en la creación y su secreta providencia, oculta en la cruz. Luego de ser llamado como ministro del evangelio, comencé a preguntarme, ¿"Cómo podría guiar a innumerables personas al camino de la Salvación y glorificar a Dios?". Me di cuenta que debía entender todas las palabras de la Biblia, incluyendo los pasajes difíciles de comprender a través de la revelación de Dios y predicarlos alrededor del mundo. Ayunaba y oraba por esto, tan seguido como podía. Siete años pasaron antes que Dios comenzara a revelarme estos pasajes.

En 1985, mientras oraba fervientemente, fui lleno del Espíritu Santo. Y el Espíritu Santo comenzó a explicarme y a descifrar la secreta providencia de Dios que había permanecido oculta. Era el Mensaje de la Cruz. Durante 21 semanas lo prediqué cada domingo en el servicio de la mañana. Las cintas de audio del Mensaje de la Cruz, han influido en muchas personas en Corea y en el extranjero. Donde quiera que el Mensaje de la Cruz se predicaba, el Espíritu Santo obraba poderosamente.

Muchos se arrepentían de sus pecados y eran sanados de sus enfermedades y dolencias. Desechaban toda duda acerca de la providencia de Dios y llegaban a tener verdadera fe y alcanzaban la vida eterna. Hasta ese momento, no habían conocido en forma perfecta el amor de Dios. Y es a través de este mensaje que comenzaron a entender el plan de Dios, a conocerlo, y a tener esperanza por la vida eterna.

Si usted entiende claramente por qué Dios puso el árbol de la ciencia del bien y del mal en el Jardín del Edén, podrá comprender Su providencia para cultivar, formar y perfeccionar a la humanidad e incluso amará más intensamente a Dios.

Mas aún, conociendo el verdadero propósito de su vida; podrá luchar contra el pecado hasta el al punto de morir antes que pecar; hará todo lo posible por asemejarse al corazón del

Señor Jesucristo y ser fiel a Dios hasta la muerte.

El Mensaje de la Cruz le mostrará la providencia secreta de Dios que ha estado oculta en la cruz y lo ayudará a establecer un firme fundamento para una verdadera y genuina vida cristiana. Por eso, cualquier persona que lea este libro, podrá entender la profundidad de la providencia y del amor de Dios. Asimismo, llegará a tener una fe verdadera y podrá vivir una vida cristiana agradable a los ojos de Dios.

Doy las gracias al director y al personal de la editorial, quienes han hecho todo su esfuerzo para publicar esta obra. Es mi oración en el nombre del Señor Jesucristo que este libro pueda hacer que multitud de personas comprendan la profundidad de la providencia de Dios, que lleguen a conocer al Dios de amor y que como verdaderos hijos de Dios alcancen la salvación.

Jaerock Lee

INTRODUCCION

El Mensaje de la Cruz es la sabiduría y el poder de Dios, ¡Un mensaje que todo cristiano en el mundo debe recibir y acoger!

Doy las gracias y la gloria a Dios Padre quien nos ha guiado para publicar *El Mensaje de la Cruz*. Numerosos miembros de la Iglesia Manmin alrededor del mundo han anhelado y esperado su publicación. Este libro proporciona respuestas claras a muchas preguntas que gran cantidad de cristianos se han formulado: ¿Cómo era Dios el Creador antes del principio?

¿Por qué Dios creó al hombre e hizo que viviera en la Tierra? ¿Por qué colocó Dios el árbol de la ciencia del bien y del mal en el Jardín del Edén? ¿Por qué envió Dios a Su único Hijo como sacrificio expiatorio? ¿Por qué planeó Dios la providencia de la salvación por medio de una cruz de madera? Todas estas preguntas y muchas más serán respondidas.

Este libro contiene mensajes llenos del Espíritu Santo

predicados por el Reverendo Dr. Jaerock Lee que lo ilustrarán e instruirán para llegar a conocer y comprender la profundidad, inmensidad y lo grandioso del amor de Dios.

El Capítulo 1, "Dios el Creador y la Biblia", le presenta y le dá a conocer a Dios y la forma cómo Él obra en usted. A lo largo de este capítulo, encontrará evidencias del Dios vivo y se dará cuenta de la veracidad de la Biblia a la luz de la historia de la humanidad.

El Capítulo 2, "Dios Crea y Cultiva al Hombre", prueba que la teoría de la evolución es falsa y que la creación de Dios es cierta y verdadera. Evidencia que Dios creó todas las cosas en el Universo y que formó al hombre a Su imagen. Además, este capítulo le muestra el verdadero significado de la vida humana y el propósito de Dios al levantar, edificar y cultivar a los seres humanos como Sus verdaderos hijos espirituales.

En el Capítulo 3, "El Árbol de la Ciencia del Bien y del Mal", provee respuestas a las preguntas fundamentales de todo cristiano: ¿Por qué Dios colocó el árbol de la ciencia del bien y del mal en el Huerto del Edén? Este capítulo explica detalladamente el motivo y la razón de ello; y lo ayuda a comprender el profundo amor y la misteriosa providencia de Dios quien forma, perfecciona y cultiva a los seres humanos en la tierra.

En el Capítulo 4, "EL Secreto Oculto desde antes del Inicio de los Tiempos", expone la relación entre la ley de la redención de la tierra y la ley espiritual de la salvación del ser humano. (Levítico 25). También explica por qué todos los hombres estaban condenados a morir debido a sus pecados, y cómo Dios había preparado un maravilloso camino para su salvación mucho antes del comienzo de los siglos.

Por último, muestra por qué Dios había mantenido oculto el camino de la salvación del ser humano hasta el momento en que así lo determinó; y cómo Jesús reúne y cumple con las condiciones necesarias de la ley para la redención de la tierra.

En el Capítulo 5, "¿Por qué Jesús es nuestro Único Salvador?", explica el plan de Dios para la salvación del ser humano, que había estado oculto desde antes del inicio de los tiempos y que se cumplió a través de Jesucristo. Asimismo, nos detalla la razón de Su crucifixión; las bendiciones y los derechos de los hijos de

Dios; el significado del nombre "Jesucristo"; la razón por la cual Dios no ha dado otro nombre sino el de Jesucristo para que el hombre llegue a ser salvo, etc.

Usted sentirá el inconmensurable amor de Dios y entenderá la implicancia espiritual de la profundidad del mensaje en este capítulo.

En el Capítulo 6, "La Providencia de la Cruz", le revelará el profundo significado de los sufrimientos de Jesús. ¿Por qué Jesús nació en un establo para animales y fue puesto en un pesebre, siendo realmente el Hijo de Dios? ¿Por qué se hizo pobre? ¿Por qué fue azotado en todo Su cuerpo, coronado con espinas, y clavado en Sus pies y manos? ¿Por qué sufrió este tormento hasta el punto de derramar toda Su sangre y agua? Este capítulo provee con respuestas exactas a estas preguntas que lo ayudarán a entender la implicancia de Sus sufrimientos.

Toda clase de enfermedades y dolencias así como problemas tales como pobreza, desavenencia familiar, dificultades en los negocios y otros, serán resueltos comprendiendo y teniendo fe en el significado espiritual de los sufrimientos de Jesús. Este capítulo lo ayudará a conocer el amor de Dios, con tal profundidad, que desechará toda clase de maldad y pecaminosidad; y llegará a participar de la naturaleza divina.

En el Capítulo 7, "Las Ultima Siete Palabras de Jesús en la Cruz", explica el significado espiritual de las últimas siete palabras de Jesús en la cruz, justamente antes de morir. A través de estas siete palabras en la cruz, Jesús completó la misión que había recibido de Su Padre. Este capítulo enfatiza el gran amor de Jesús por la humanidad que todos debemos entender, a fin de esperar Su segunda venida y pelear la buena batalla de la fe hasta el final, con la esperanza de la resurrección.

En el Capítulo 8, "La Fe Verdadera y la Vida Eterna", le dirá que sólo con fe verdadera, nosotros llegamos a ser uno con nuestro novio Jesucristo. La Biblia nos advierte de algunos que dicen creer en el Salvador Jesucristo, pero que no podrán ser salvos en el Juicio Final. La Biblia enfatiza, no sólo el hecho de aceptar a Jesucristo, sino también el acto de comer la "carne" y beber "la sangre" del Hijo del Hombre para alcanzar la salvación eterna. Usted podrá tener fe verdadera, la cual lo guiará al camino de la verdadera salvación, cuando coma la carne y beba la sangre del Señor. Este capítulo también enseña la naturaleza de la fe verdadera, como obtenerla, y qué cosa se debe hacer para alcanzar la completa salvación.

En el Capítulo 9, "Nacer del Agua y del Espíritu", primero se menciona el diálogo entre Jesús y Nicodemo. Este intercambio concluye o resume *El Mensaje de la Cruz*. Su corazón debe ser renovado continuamente a través del agua y del Espíritu Santo hasta el regreso de Jesucristo y deberá mantener íntegramente irreprensible su espíritu, alma y cuerpo hasta la segunda venida del Señor Jesucristo, momento en el cual el Señor lo recibirá como a Su hermosa novia.

En el Capítulo 10, "¿Qué es Herejía?", ahonda en la naturaleza de la herejía y examina la falsa y negativa idea que muchos cristianos tienen acerca de esto. Hoy en día mucha gente mal interpreta, reprocha o censura negligentemente las poderosas obras de Dios como heréticas o equivocadas porque no conocen la definición bíblica de herejía. Este capítulo advierte que no se debe censurar ni calificar las obras del Espíritu Santo, como heréticas y explica sobre la herejía, cómo se debe distinguir el Espíritu de verdad y el espíritu de mentira, y asimismo menciona algunas denominaciones heréticas. Finalmente, este capítulo enfatiza que se debe velar y orar continuamente y permanecer en la verdad a fin de no ser tentado por el espíritu de mentira.

El Apóstol Pablo dijo acerca del mensaje de la cruz, que es la sabiduría de Dios, en 1ª Corintios 1:18 *"La palabra de la cruz es locura a los que se pierden; pero a los que se salvan, esto es, a nosotros, es poder de Dios"*. Todos podemos tener una fe verdadera, encontrar al Dios vivo y gozar de una vida cristiana al máximo cuando entienda el secreto oculto en la cruz y se dé cuenta de la profunda providencia que encierra el gran amor de Dios por la humanidad.

El Mensaje de la Cruz, es la enseñanza básica para su vida; por lo tanto, es mi oración en el nombre del Señor para que este libro sirva de fundamento para su vida Cristiana y de esa manera pueda alcanzar la completa salvación y la vida eterna.

Geumsun Vin,
Director de la Casa Editora

INDICE

Capítulo 1

DIOS EL CREADOR Y LA BIBLIA

- Dios es el Creador
- Yo Soy el que Soy
- Dios es Omnisciente y Omnipotente
- Dios es el Autor de la Biblia
- Toda palabra de la Biblia es verdadera

"En el principio Dios creó los cielos y la tierra."

Génesis 1:1

Muchas personas en este mundo insisten en su idea de que no existe Dios y otros adoran a dioses creados por la imaginación del hombre, además de hacer imágenes de las criaturas de Dios para adorarlas como dioses. Aunque no podemos verlo, ¡Dios ciertamente está vivo! Existe solamente un Dios a quien debemos adorar: Él es Dios el creador del universo, de todas las cosas y de la humanidad, es el gobernante y juez de todas las cosas.

¿Qué tipo de ser es Dios? De hecho, no es nada fácil para el hombre, en calidad de mera criatura, proporcionar explicaciones respecto a Dios quien trasciende toda limitación del hombre. Dios no tiene límites ni fronteras; sin importar cuánto meditemos con nuestro conocimiento, no logramos comprenderlo ni conocerlo plenamente.

A pesar de que no podemos entender a Dios a cabalidad, hay cosas básicas que debemos saber al ser hijos de Dios. Los puntos fundamentales se esclarecerán detalladamente.

Dios es el Creador

Actualmente, hay infinidad de libros en el mundo, pero no hay ningún otro libro, sino solamente la Biblia que puede dar respuestas claras y detalladas a preguntas acerca del origen y de la creación del universo, del principio y el final de la raza humana.

La Biblia da una clara respuesta a la pregunta del origen del universo y de la vida. En Génesis 1:1 se lee *"En el principio creó Dios los cielos y la tierra"* y en Hebreos 11:3, dice *"Por la fe comprendemos que el universo fue hecho por la palabra de Dios, de modo que lo que se ve fue hecho de lo que no se veía"*.

No toda cosa visible fue hecha de algo que ya existía. El universo fue creado de la "nada" por el mandato de Dios.

El hombre puede hacer algo de alguna cosa que ya existe; esto es, transformando o combinando materias que ya existen a fin de crear algo; pero no puede crear algo de la nada.

Es inconcebible que el hombre pueda crear un organismo vivo. Incluso si ha desarrollado la tecnología científica lo suficiente como para crear inteligencia artificial (A.I.), computadoras o clonar ovejas, no puede crear de la nada ni siquiera una ameba.

Por lo tanto, los seres humanos sólo pueden extraer organismos vivos de cosas que ya han sido dadas por Dios, y combinarlas de diferentes formas. Eso es todo.

Por eso, debe saber que solamente Dios es capaz de crear algo de la nada. Sólo Dios el Creador, hizo el universo y lo creó por Su mandato; y controla todo el universo, la historia del mundo, la vida y la muerte y las bendiciones y las maldiciones de la humanidad.

Evidencias que prueban que Dios es el creador

Todas las cosas; una casa, una mesa, o incluso un clavo son diseñadas por alguien. Está demás decir que debe haber un diseñador de este vasto universo. Debe haber un "Dueño" quien lo creó y lo gobierna. Este es Dios el Creador, el cual menciona repetidamente la Biblia.

Cuando usted mira alrededor, hay abundantes evidencias de la Creación. Un ejemplo muy simple: Considere la infinidad de personas en el mundo. Sin tener en cuenta raza, edad, género, nivel social, y todo lo demás, cada uno de ellos tiene dos ojos, dos orejas, una nariz con dos fosas nasales y una boca.

Aun cuando cada animal tiene una ligera diferencia de acuerdo con su especie, todos tienen la misma estructura facial. Por ejemplo, un elefante tiene una nariz larga (trompa), pero está ubicada en el centro de su rostro y arriba de su boca. No está arriba ni debajo de su boca, o en la parte superior de su cabeza. Cada elefante tiene dos fosas nasales, dos ojos, dos orejas y una boca. Todas las aves, todos los peces en el océano o en el río tienen la misma estructura.

No solamente cada animal tiene la misma estructura facial, sino también todos los mamíferos tienen el sistema digestivo y de reproducción idéntico. De la misma forma, cada uno de ellos consume alimento por su boca y todo aquello que ingresa por su boca se digiere dentro del estómago y sale fuera de su cuerpo.

Todo mamífero se aparea con su sexo opuesto y procrean.

Cuando se unen todos estos factores y hechos tan obvios, no se puede decir que es una mera coincidencia o la evidencia de que la evolución está dictada por "la supervivencia del más fuerte". Nada de esto jamás podría ser explicado por la teoría de la evolución.

En consecuencia, el hecho que ambos, los seres humanos y los animales, tengan la misma estructura orgánica, es evidencia suficiente para afirmar que todo fue creado y diseñado por Dios el Creador. Si Dios no fuera el único Dios, sino que fuera uno entre muchos dioses, las criaturas tendrían diferente cantidad de órganos, diferente ubicación de los mismos y diferentes estructuras corporales.

Además, cuando se observa más detenidamente la naturaleza y el universo, se puede encontrar, incluso, más pruebas de la creación. ¡Qué maravilloso es saber que todas las cosas en el sistema solar tales como el movimiento de traslación y de rotación de la tierra, funcionan sin absolutamente ¡el menor error!

Si usted mira el reloj en su muñeca, se dará cuenta que está formado por un gran número de partes elaboradas. No funcionaría si faltara una pieza, incluso si fuera la parte más pequeña. De esa misma forma fue diseñado el universo para que funcionara por la providencia de Dios.

Asimismo, ningún hombre como tampoco ninguna otra forma de vida podría existir si la Luna no rotara alrededor de la Tierra. La Luna no podría estar ubicada ni más lejos ni más cerca de su actual posición de la Tierra.

Dios la colocó a la distancia apropiada para que el hombre pudiera vivir en la Tierra. Debido a la actual posición de la Luna, su gravitación hace que la marea suba y baje. De la misma forma todas las cosas en el universo fueron echas para moverse con exactitud conforme a la providencia de Dios.

¿Por qué algunos no creen en Dios Creador?

Algunas personas creen en Dios el Creador y viven de acuerdo a Su Palabra. ¿Por qué entonces algunos otros que dicen razonar y buscan la respuesta para todo en la ciencia, no creen en Dios el Creador? Si desde su infancia han aprendido de fieles cristianos que Dios está vivo y que es el todopoderoso Creador; no le resultaría difícil creer en Dios como Creador.

Sin embargo, hoy en día muchos han sido influenciados desde su adolescencia por el evolucionismo, y hay tanto "conocimiento" que no necesariamente todo es verdadero. Asimismo, uno se puede relacionar con personas que no creen en Dios o dudan de su existencia.

Luego de haber vivido en este medio ambiente, si concurre a una iglesia y oye la Palabra de Dios, dudará y frecuentemente entrará en contradicción, y no podrá creer en Dios como el Creador porque su conocimiento previo contradice lo que ha aprendido y escuchado en la iglesia.

Mientras no se deshaga del conocimiento que ha aprendido en el mundo, incluso si ha asistido regularmente a una iglesia, no llegará a tener fe espiritual. Dios, es el que da y produce en cada uno la fe, esto está fuera de toda duda.

No se puede creer en el reino de los cielos o en el infierno, sin fe espiritual. Se considera el mundo visible como el único mundo y se vive de acuerdo a los criterios propios de cada persona. ¿Cuántas veces hemos podido ver algunas teorías que después de haber sido reconocidas y aceptadas en un momento dado, son revisadas y/o reemplazadas posteriormente por una nueva teoría? Incluso, si este no fuera el caso, es cierto que algunas teorías convencionales han sido continuamente revisadas o han sido completadas por hallazgos recientes.

Mientras el tiempo transcurre y la ciencia avanza, la gente elabora mejores explicaciones y teorías a pesar de que éstas no son perfectas. Yo no diría que las investigaciones hechas por muchos científicos están todas equivocadas.

Hay aún muchas cosas en el mundo que no pueden ser explicadas por la capacidad del ser humano, Por lo tanto, debemos reconocer este hecho. Por ejemplo, en lo que se refiere al universo, nunca se ha llegado a conocer su extensión exacta, ni tampoco se ha podido viajar al pasado.

No obstante, se trata de explicar el universo al establecer varias hipótesis y teorías.

Antes de que el hombre llegara a la luna, suponíamos, "que podría haber ciertos tipos de organismos vivos allá arriba o que alguna forma de vida podría existir en alguna parte del sistema solar fuera de la Tierra". Sin embargo, luego del viaje del hombre a la luna, se anunció, "no hay ningún organismo vivo allí". Actualmente, los científicos dicen, "hay una probabilidad que en Marte existan organismos vivos" o, "hay algunas huellas de agua en el planeta rojo".

Incluso si usted ha investigado por algún tiempo e incrementado su conocimiento, si no conoce la voluntad, la providencia y el poder de Dios Creador, terminará enfrentando las limitaciones de la capacidad humana.

Por eso, en Romanos 1:20 se lee: *"Lo invisible de Él, Su eterno poder y Su deidad, se hace claramente visible desde la creación del mundo y se puede discernir por medio de las cosas hechas. Por lo tanto, no tienen excusa"*.

Todo aquel que abra su corazón podrá sentir el poder de Dios y Su divina naturaleza a través de la creación, al ver el Sol, la Luna y las estrellas, objetos a través de los cuales Dios permite que usted conozca Su existencia y que crea en Él.

Yo Soy el que Soy

Al escuchar sobre Dios el Creador, muchos pueden preguntarse, "¿Cómo es que Dios existió en el principio?" "¿De dónde vino"? o "¿Cuál fue Su apariencia?".

El pensamiento y el conocimiento del ser humano no pueden sobrepasar cierto límite y este conocimiento determina que todos los seres deben de tener un principio y un final. Por eso es que exigimos respuestas claras a estas preguntas. No obstante, Dios existe más allá del entendimiento humano, por eso Él es quien "Era", quien "Es" y quien "Vendrá".

En Éxodo capítulo 3, se describe una escena en la cual Dios manda a Moisés a guiar a los israelitas a la tierra de Canaán. Moisés a su vez le preguntó a Dios cómo debía responder a los israelitas en caso que le preguntasen acerca del nombre de Dios.

En ese momento, Dios dijo a Moisés, *"Yo Soy el que Soy"* y le mandó a decir "Yo Soy me ha enviado". "Yo Soy" es la frase que Dios usó para referirse personalmente a Sí Mismo, y significa que nadie lo engendró ni lo creó, sino que Él es un ser perfecto, el Creador Mismo.

En el principio Dios era luz y voz

En Juan 1:1 se lee: *"En el principio era el Verbo, el Verbo estaba con Dios y el Verbo era Dios".* De esta forma; Dios, quien era en el principio el Verbo, era un ser que no había sido creado y que había estado solo en perfecta existencia. ¿Cómo y cuándo existió?

Dios es Espíritu, por lo tanto, había estado en la forma de Verbo o de la Palabra en la cuarta dimensión del reino espiritual, no en la tercera dimensión que es visible. Dios no tuvo una forma o figura determinada, sino que existió como una profunda y hermosa luz con una pura y clara voz y gobernaba sobre todo el universo.

Así es que, 1ª Juan 1:5 dice, *"Este es el mensaje que hemos oído de Él y os anunciamos: Dios es luz y no hay ningunas tinieblas en Él".* Esto tiene un significado espiritual profundo y expresa el rasgo de Dios, quien en el principio era luz.

En el principio, Dios existió como luz y voz. Su voz era y es pura, dulce y suave; y resonaba sobre todo el universo. Aquellos que alguna vez han escuchado personalmente la voz de Dios pueden entender esto. En algún momento el Dios "Yo Soy" se dividió en la Trinidad a fin de cultivar a verdaderos hijos con los que pudiera compartir Su amor. Hubo necesidad entonces que se dividiera en el Hijo, quien cumpliría la misión del Salvador; y el Espíritu Santo, quien cumpliría la misión del Ayudador.

Dios estaba solo antes del inicio de los tiempos

Por eso, en Apocalipsis 22:13, se lee: *"Yo soy el Alfa y la Omega, el principio y el fin, el primero y el último"*. Se menciona a Dios Padre, Dios Hijo, Dios Espíritu Santo. Dios mismo se dividió en Dios Padre, quien es el Alfa y la Omega de todo conocimiento y de la civilización humana; Dios Hijo, quien es el Primero y el Último de la salvación de la humanidad; y Dios Espíritu Santo, quien es el Principio y el Fin del perfeccionamiento, de la formación y del cultivo del ser humano.

En ese momento, cada persona de la Trinidad tuvo Su propia imagen para lograr y obtener verdaderos hijos espirituales.

En Génesis 1:26 claramente se muestra la figura de la Trinidad y es la misma que se menciona cuando Dios creó los cielos y la tierra. *"Entonces dijo Dios: "Hagamos al hombre a nuestra imagen, conforme a nuestra semejanza; y tenga potestad sobre todos los peces del mar, las aves de los cielos y las bestias, sobre toda la tierra y sobre todo animal que se arrastra sobre la tierra"*.

Dios el Creador, que había existido desde antes del inicio de los tiempos, planeó tener verdaderos hijos espirituales y procedió en ese sentido. Por lo tanto, si llega a entender completamente al Dios "Yo Soy", deberá derribar toda forma propia de pensamiento, teorías, y estereotipos y deberá además aceptar la obra de la creación de Dios.

A diferencia de las cosas creadas por Dios, las cosas hechas por el hombre tienen sus limitaciones y defectos. Conforme el conocimiento y la civilización del ser humano avanza, mejores productos se hacen y se fabrican, pero aún estos tienen demasiadas fallas o defectos. Algunos hacen ídolos de oro, plata, bronce, y metal y los llaman dioses ante los cuales se inclinan y rezan por sus bendiciones. Son solamente objetos de madera, metal, o imágenes de piedra que no pueden respirar, hablar ni ver (Habacuc 2:18-19) A pesar que claman ser sabios; hoy en día la gente no puede discernir entre lo falso y lo verdadero, y prefiere hacerse algunas imágenes y llamarlas sus dioses a quienes adoran (Romanos 1:22-25) ¡Qué necio y vergonzoso es esto!

Por lo tanto, si el ser humano ha adorado y servido a dioses falsos es porque ignoraba y no conocía a Dios. Por ello, deberá arrepentirse completamente, adorando al Dios "Yo Soy" y cumpliendo sus obligaciones como hijo Suyo.

Dios es Omnisciente y Omnipotente

Dios el Creador, quién creó todo el universo, es el ser perfecto que existió antes del principio de los siglos y es Omnisciente y Omnipotente. La Biblia registra numerosos prodigios y milagros que no pueden ser realizados por el poder ni por el conocimiento del ser humano.

Estas poderosas obras del Omnisciente y Omnipotente Dios *"Quien es el mismo ayer y hoy"*, se efectuaron tanto durante la época del Nuevo como del Antiguo Testamento por diversos siervos de Dios que recibieron Su poder. Esto es porque, como Jesús dijo en Juan 4:48, *"Si no viereis señales y prodigios, no creeréis"*. La gente no cree a menos que pueda ver las obras del Dios Todopoderoso.

Dios muestra señales y maravillosos milagros

El libro de Éxodo registra en detalle que el Omnisciente y Omnipotente Dios efectuó señales y maravillosos milagros a través de Moisés mientras conducía a los israelitas fuera de Egipto hacia la tierra de Canaán.

Por ejemplo, cuando Dios envió a Moisés al Faraón, el rey de Egipto, trajo diez plagas sobre él y su nación, hizo que los israelitas caminaran sobre tierra seca al abrir el Mar Rojo y acabó con el poderoso ejército egipcio dentro de sus agitadas aguas.

Incluso después del Éxodo, hizo brotar agua de la roca al golpearla Moisés con su vara, transformó el agua amarga en agua dulce e hizo caer maná del cielo para que millones de personas pudieran vivir sin preocuparse por su alimento. Posteriormente, en el Antiguo Testamento, vemos a Dios dando poder a Elías para profetizar tres años y medio de sequía y luego para que hiciera llover por medio de su oración y también dándole poder para resucitar a un muerto.

En el Nuevo Testamento, vemos a Jesús, el Hijo de Dios, levantando a Lázaro quien había estado muerto por cuatro días, devolviendo la vista a los ciegos y sanando a mucha gente de diversas enfermedades, dolencias y libertando de espíritus malignos. Jesús también caminó sobre las aguas y calmó el viento y la tempestad.

Dios efectuó extraordinarios milagros a través del apóstol Pablo. De tal forma que incluso los pañuelos y mantos que él tocaba se los llevaban a los enfermos y estos sanaban de sus dolencias y los espíritus malignos salían (Hechos 19:11-12). Numerosas señales siguieron a Pedro, quien era uno de los discípulos más cercanos a Jesús. La gente sacaba a los enfermos a las calles y los tendían en sus camas o tapetes para que tan sólo la sombra de Pedro, mientras él pasaba, pudiera caer sobre alguno de ellos. (Hechos 5:15).

Además, en la Biblia Dios realizó señales y prodigios a través de Esteban y Felipe, y aún continúa mostrando estas señales a través de nuestra iglesia, incluso hoy en día.

Muchas enfermedades incurables tales como el cáncer, la tuberculosis, la leucemia y el SIDA han sido sanadas. Los muertos se han levantado y los lisiados se han puesto de pie y han caminado.

Aun más, Dios muestra grandes señales y prodigios, milagros extraordinarios y hechos asombrosos; a través de la oración grabada en un sistema de respuesta automática telefonica y con los pañuelos sobre los cuales yo he orado. Mucha gente enferma ha sido sanada, incluso máquinas que habían estado malogradas han vuelto a funcionar y los deseos del corazón de muchas personas se han cumplido.

En consecuencia, todo aquel que crea en el Dios Todopoderoso y ore de acuerdo a Su voluntad puede obtener respuesta a cualquier cosa que pida en oración.

Dios es el Autor de la Biblia

Dios es Espíritu, por lo tanto es invisible, pero siempre se ha manifestado a Sí mismo de diferentes maneras. Dios generalmente se revela a Sí mismo a través de la naturaleza y especialmente a través de los testimonios de las personas que son sanadas y de aquellas a quienes responde. Dios también se revela en forma específica a través de la Biblia.

Por lo tanto, es por medio de la Biblia que se puede llegar a conocer al Único y Verdadero Dios, tener un encuentro con Él y obtener la salvación y la vida eterna al reconocer la obra redentora de Dios. Además, se puede vivir una vida próspera y dar gloria a Dios entendiendo Su corazón y llegando ha amarlo y a ser amado por Él (2ª Timoteo 3.15-16).

La Escritura es inspirada por Dios

2ª Pedro 1:21 dice: *"Porque nunca la profecía fue traída por voluntad humana, sino que los santos hombres de Dios hablaron siendo inspirados por el Espíritu Santo"*. Y en 2ª Timoteo 3:16 cita, *"Toda la Escritura es inspirada por Dios"*. Esto quiere decir que la Biblia desde Génesis hasta Apocalipsis es la Palabra de Dios, que fue escrita sólo por la voluntad de Dios. Por eso, en la Biblia hay muchas frases tales como "Dios dice", "El Señor dice", "Dios el Señor dice". Esto confirma que la Biblia no es palabra de hombre sino de Dios.

La Biblia tiene 66 libros correspondiendo, 39 libros al Antiguo Testamento y 27 libros, al Nuevo Testamento. El número aproximado de escritores es de 34. El período durante el cual se escribió se extiende desde el año 1500 a.c. al año 100 d.c., es decir, aproximadamente 1,600 años. Lo maravilloso de esto es que, aun cuando las personas que la escribieron son diferentes, la Biblia en su totalidad es completamente coherente desde el principio hasta el fin y cada versículo coincide con otros versículos.

Así, en Isaías 34:16 se lee, *"Consultad el libro de Jehová y leed si faltó alguno de ellos; ninguno faltó con su pareja. Porque su boca mandó y su mismo Espíritu los reunió"*. Esto es algo que se puede comprobar, porque el autor original de la Biblia es Dios y el Espíritu Santo controló los corazones de los que la escribieron y reunió las palabras que se iban a registrar. Lo que usted debe recordar es que las personas que escribieron la Biblia solamente son escritores anónimos quienes escribieron para Dios y que el autor original de la Biblia es Dios.

Permítame un ejemplo. Supongamos que una madre anciana que vive en un área rural quiere enviarle una carta a su hijo menor que está estudiando en la ciudad. Debido a que la madre es analfabeta, le dicta la misiva a su hijo mayor. Cuando el hijo menor reciba la carta, pensará que su madre se la envió y no que su hermano mayor lo hizo, incluso aun cuando fuera el hermano mayor quien realmente la escribiera. Lo mismo sucede con la Biblia.

Una carta de amor llena de todas las bendiciones y promesas De Dios

La Biblia fue escrita por siervos de Dios llenos del Espíritu Santo a fin de revelar a Dios mismo. Debemos creer que es la

Palabra fiel de Dios quien se revela a Sí mismo. La Palabra de Dios es Espíritu y vida (Juan 6:63), así que todo aquel que la escuche y crea en ella, recibirá vida eterna y su alma gozará de vida en abundancia. Todo el que crea y obedezca la Palabra de Dios disfrutará de una vida próspera y será un hombre perfecto de Dios, conforme al ejemplo de Jesucristo.

Dios vino al mundo en carne para mostrarse a Sí mismo a la humanidad y esa carne fue Jesús. Felipe, un discípulo de Jesús, ignoraba esto y le pidió a Jesús que le mostrara a Dios. El erró al no darse cuenta que Jesús era Dios encarnado, de tal forma que se cumple el proverbio que dice, "El faro no brilla en su base". En Juan 14:8 y en los versículos subsiguientes nos narra el diálogo entre Felipe y Jesús:

> *Felipe le dijo: "Señor, muéstranos el Padre y nos basta. Jesús le dijo: ¿Tanto tiempo hace que estoy con vosotros y no me has conocido, Felipe? El que me ha visto a mí, ha visto al Padre; ¿Cómo, pues, dices tú: "Muéstranos el Padre"? ¿No crees que yo soy en el Padre, y el Padre en mí? Las palabras que yo os hablo, no las hablo por mi propia cuenta, sino que el Padre que mora en mí, él hace las obras." (Juan 14:8-10)*

Incluso, aun cuando Jesús dio muestras convincentes de que Él y Dios son uno, al efectuar milagros que hubieran sido imposibles de hacer sin el poder de Dios, Felipe deseaba que Jesús le mostrara al Padre. Jesús le dijo que creyera en Sus enseñanzas que estaban acompañadas por los mismos milagros.

Dios vino a este mundo en carne a fin de mostrarse a Sí mismo y con tal fin nos dejó la Biblia, porque es imposible para el ser humano ver a Dios con sus ojos naturales. En consecuencia, uno puede ser bendecido y recibir respuestas a las promesas de Dios que se encuentran en la Biblia, cuando pasa un tiempo de compañerismo y de comunión con el Dios vivo por medio de la Biblia, y llega a conocer Su voluntad y Su providencia y cuando observa y pone en practica Su Palabra.

Toda palabra de la Biblia es verdadera

Los registros históricos permiten que uno tenga conocimiento acerca de los pueblos o hechos acontecidos en un determinado tiempo específico en el pasado. La historia es un recuento de los cambios que han sucedido en el tiempo y a través de ella podemos conocer detalladamente ciertos hechos específicos, pueblos y condiciones de vida en de aquellos tiempos. La historia de la humanidad ha comprobado que la Biblia es verdadera. Especialmente cuando se observa cuidadosamente los hechos, incidentes, pueblos, lugares, o costumbres registrados en la Biblia, se puede ver que la Biblia tiene una base histórica real.

Dado que el Antiguo Testamento ha sido transmitido en base a hechos objetivos recopilados de acontecimientos que habían sucedido a personas individuales, naciones o grupos étnicos desde los tiempos de Adán y Eva, el país de Israel ha considerado hasta el día de hoy al Antiguo Testamento como documento sagrado e histórico de su nación y patrimonio nacional. Incluso, muchos historiadores reconocen y consideran a la Biblia como una fuente confiable de consulta y como una referencia veraz.

La historia prueba la veracidad completa de la Biblia

En primer lugar, basado en la Biblia, me gustaría compartirles la historia de Israel y comprobar que la Palabra de Dios es verdadera.

Adán, el antepasado de los seres humanos, pecó contra Dios, de tal manera que sus descendientes, todos los seres humanos, de ahí en adelante han ido por la senda del pecado y han vivido sin el conocimiento de Dios, su Creador. Sólo entonces Dios escogió a una nación y procuró revelar Su voluntad y providencia a través de ella.

Primero, Dios llamó a Abraham, quien tenía el mejor "terreno para sembrar en su corazón". Lo perfeccionó, y lo estableció como el padre de la fe. Abraham fue padre de Isaac, Isaac fue padre de Jacob, y Dios llamó a Jacob "Israel" e hizo de sus doce hijos las doce tribus de la Nación de Israel.

Cuando Jacob vivía, Dios lo llevó a Egipto y le dio el poder y la capacidad para formar una nación, aumentando sus descendientes, guiándolos finalmente a la tierra de Canaán. En el desierto, Dios entregó la Ley a Moisés, quien instruyó y enseñó a los israelitas a vivir de acuerdo a Su Palabra, y los condujo y guió sólo por Su Palabra.

Luego que entraron a la tierra de Canaán, el pueblo sólo prosperaba cuando obedecía la Ley. Tan pronto como Israel adoraba y servía a ídolos y hacía lo malo ante los ojos de Dios, el poder de la nación declinaba y sufrían invasiones del exterior. Los israelitas eran hechos prisioneros y esclavizados. En cuanto se arrepentían, su nación era restaurada. Este ciclo se repetía una y otra vez.

De esta manera, Dios mostró a todos los seres humanos a través de la historia de Israel, que Dios está vivo y que gobierna todas las cosas por Su Palabra. Todos podemos ver, además, que las profecías en la Biblia han sido totalmente cumplidas o están en proceso de cumplimiento. Por ejemplo, en Lucas 19:43-44 Jesús se refirió a la caída de Jerusalén, diciendo:

> *Porque vendrán días sobre ti, cuando tus enemigos te rodearán con vallado, y te sitiarán, y por todas partes te estrecharán, y te derribarán a tierra, y a tus hijos dentro de ti, y no dejarán en ti piedra sobre piedra, por cuanto no conociste el tiempo de tu visitación.*

En estos versículos, Jesús dio a entender cómo la ciudad de Jerusalén sería destruida debido al incremento de su maldad. La profecía fue cumplida en el año 70 d.c., cuando el general Tito del imperio romano hizo que sus hombres construyeran un dique contra Jerusalén, la sitiarán y mataran a miles dentro de sus muros. Esto se llevó a cabo justo 40 años después de la profecía de Jesús.

Asimismo, en Mateo 24:32 se cita, *"De la higuera aprended la parábola: Cuando ya su rama está tierna, y brotan las hojas, sabéis que el verano está cerca"*. La higuera en este pasaje simboliza a la nación de Israel y esta parábola enseña que Israel se independizará cuando la segunda venida de Jesús esté próxima.

Finalmente, la historia atestigua que la Palabra de Dios es verdadera en cuanto ha Israel -que había caído en el año 70 d.c.- fue milagrosamente restablecida el 14 de mayo de 1948: 1900 años después de su destrucción.

Las profecías en el Antiguo Testamento, y su cumplimiento en el Nuevo Testamento

Podemos asegurar que la Palabra de Dios en la Biblia es verdadera estudiando cómo las profecías del Antiguo Testamento se han cumplido en el Nuevo Testamento.

La Ley del Antiguo Testamento no era la forma ni el camino perfecto para "lograr verdaderos hijos de Dios". Era tan sólo la sombra de como Dios se mostraba o se manifestaba. Por esa razón, Dios prometió a través de todo el Antiguo Testamento la venida del Mesías. Cuando llegó el tiempo, Dios envió a Jesucristo a este mundo para cumplir Su promesa. Es algo innegable que Jesús vivió en este mundo hace 2.000 años.

La historia de Occidente en general se divide en dos grandes períodos en función del nacimiento de Jesús. "a.C." significa «Antes de Cristo», y abarca la historia antes del tiempo de Jesús, mientras que "d.C." significa «Después de Cristo», que abarca los años después del nacimiento de nuestro Señor. Incluso la misma historia da testimonio del nacimiento de Jesús.

Veamos el pasaje en Génesis 3:15, *"Pondré enemistad entre*

ti y la mujer, y entre tu simiente y la simiente suya; ésta te herirá en la cabeza, y tú la herirás en el talón". Este versículo profetizó que nuestro Salvador, como la simiente de la mujer, vendría y destruiría la autoridad de la muerte. "Mujer" en este pasaje significa Israel. De hecho Jesús vino a esta tierra como hijo de José, quien pertenecía a la tribu de Judá de Israel (Lucas 1:26-32).

En Isaías 7:14 se lee, *"Por tanto, el Señor mismo os dará señal: He aquí que la virgen concebirá y dará a luz un hijo, y llamará su nombre Emanuel".* Esto quiere decir que el Hijo de Dios iba a ser enviado para expiar los pecados de la humanidad al ser concebido por el Espíritu Santo. En verdad, Jesús nació de la virgen María engendrado por el Espíritu Santo (Mateo 1:18-25).

El lugar del nacimiento de Jesús, en la región de Belén, fue profetizado en Miqueas 5:2, que cita, *"Pero tú, Belén Efrata, pequeña para estar entre las familias de Judá, de ti me saldrá el que será Señor en Israel; y sus salidas son desde el principio, desde los días de la eternidad".* Cumpliendo esta palabra, Jesús nació en Belén, de Judéa, durante el tiempo del Rey Herodes. Incluso la historia confirma esto.

La matanza de muchos niños inocentes por el Rey Herodes en los tiempos del nacimiento de Jesús (Jeremías 31:15; Mateo 2:16), la entrada de Jesús a Jerusalén (Zacarías 9:9; Mateo 21:1-11), y la ascensión de Jesús al cielo (Salmo 16:10; Hechos 1:9) fueron profetizadas y respectivamente cumplidas. Además, la traición de Judas Iscariote, quien estuvo y caminó con Jesús por 3 años (Salmo 41:9) y su traición por 30 piezas de plata (Zacarías

11:12) fueron ambas profetizadas y de hecho se cumplieron.

Podemos entonces creer que la Biblia es verdadera y que en realidad es la Palabra de Dios, especialmente, cuando vemos que todas las profecías en el Antiguo Testamento se han cumplido con toda exactitud.

Las profecías de la Biblia que aún deben cumplirse

Dios envió a Jesucristo, nuestro Salvador, cumpliendo todas las profecías del Antiguo Testamento. Cada una de las profecías sobre Jesús, el castigo que cayó sobre el pueblo de Israel y la misma historia de la humanidad, se han cumplido sin ningún error. Un recuento de la historia mundial nos lleva a comprobar que todas las palabras profetizadas en la Biblia han llegado a cumplirse y las que faltan llegarán, sin duda alguna, a realizarse.

Los profetas, tanto en el Antiguo como en el Nuevo Testamento, anunciaron el surgimiento y la caída del poder mundial de ese momento, la destrucción y reconstrucción de Jerusalén, y el futuro de importantes personajes de la historia. Numerosas profecías de la Biblia se han cumplido y se están cumpliendo ahora; y la gente aún verá la segunda venida de Jesús, el arrebatamiento, el Reino del Milenio y el Juicio del Gran Trono Blanco.

Nuestro Señor en este mismo instante está preparando un lugar para usted tal como lo prometió (Juan 14:2) y pronto lo llevará a una morada eterna. Nuestro mundo actualmente está sufriendo de hambrunas, terremotos, desórdenes climatológicos, y enormes catástrofes. No debería considerar todos estos hechos como una simple coincidencia, sino darse cuenta que la segunda venida de Jesús, cada vez está más cerca (Mateo 24:3-14). Por ello, debe tener la completa seguridad de su salvación, debe estar totalmente seguro de alcanzar su total salvación, permaneciendo alerta y despierto espiritualmente y adornándose bellamente como una novia que espera a su novio, el Señor Jesucristo.

Capítulo 2

DIOS CREA Y CULTIVA AL HOMBRE

- El camino para la salvación del ser humano
- Dios crea a los seres humanos
- ¿Por qué Dios crea, perfecciona, y cultiva a los seres humanos?
- Dios separa el trigo de la cizaña

Y creó Dios al hombre a su imagen, a imagen de Dios lo creó; varón y hembra los creó. Los bendijo Dios y les dijo: "Fructificad y multiplicaos; llenad la tierra y sometedla; ejerced potestad sobre los peces del mar, las aves de los cielos y todas las bestias que se mueven sobre la tierra".

Génesis 1: 27-28

Al menos una vez en su vida, usted se puede haber hecho preguntas tan fundamentales como el origen, el destino, el propósito, y el significado de la vida. Entonces, intentará buscar y hallar respuestas a estas interrogantes. Muchos emplean diversos métodos para responder a estas preguntas, pero al final, sólo las postergan sin obtener ninguna respuesta valida.

Los sabios más famosos del mundo como Confucio, Buda o Sócrates, también se esforzaron por obtener respuestas a estas preguntas fundamentales . Confucio se enfocó en la moral, resaltando que la perfecta virtud era considerada como un ideal ético y reunió muchos discípulos. Buda hizo penitencia por un largo tiempo para ser liberado de la existencia mundana. Sócrates persiguió la verdad según su propio criterio y buscó el verdadero conocimiento.

Ninguno de ellos, sin embargo, pudo encontrar una respuesta fundamental ni permanente; ni alcanzar la verdad genuina, ni obtener la vida eterna. Esto se debió a que la verdad oculta desde antes de la creación del mundo, es algo espiritual que es invisible e intangible. Usted no podrá encontrar respuestas claras acerca de la vida hasta que entienda lo que es la providencia de Dios el Creador, referida a la creación, perfeccionamiento, y cultivo de la humanidad.

El camino para la salvación del ser humano

Dios el Creador; Jesucristo, el principio y el origen de nuestra vida; la vida después de la muerte; el objetivo fundamental de la vida, y el camino para una vida eterna, están claramente explicados en la Biblia que es la Palabra del Dios viviente. El mensaje de salvación a través de la cruz de Jesucristo, es el secreto de Dios que ha estado oculto desde la eternidad y que abarca tanto el amor como la justicia de Dios.

El camino para la salvación a través de Jesucristo

El cristianismo es a menudo llamado "La religión de la cruz". ¿Sabe usted lo que significa y por qué incluso algunos gobernantes de las naciones se arrodillan ante esto? ¿Cuál es el secreto por el cual por la fe los pecados de muchos son perdonados y reciben la salvación y vida eterna?. Muchos cristianos piensan que conocen a Jesucristo y el significado de la cruz. Si preguntara el significado de la cruz, la mayoría de los creyentes –incluso los nuevos creyentes- podrían responder de esta manera: "Hace cerca de 2 mil años, Jesús, el Hijo de Dios, vino a este mundo en carne y fue crucificado para expiar nuestros pecados. Al tercer día, resucitó de entre los muertos y se convirtió en nuestro Salvador. De tal manera que cualquiera que crea en Jesucristo puede ser salvo e ir al reino de los cielos".

No obstante, debe saber que el simple conocimiento de este hecho, no lo hace salvo. En Santiago 2:19 dice que, *"Tú crees que Dios es uno; bien haces. También los demonios creen, y tiemblan"*. Incluso nuestro enemigo, el diablo y los demonios conocen y creen en Dios pero ellos nunca podrán ser salvos. Hay una razón por la que Dios dice que sólo conocer y creer con el simple conocimiento es una cosa; y entender y creer con todo su corazón es enteramente otra muy distinta.

"Si confesares con tu boca que Jesús es el Señor y creyeres en tu corazón que Dios lo levantó de entre los muertos, serás salvo, porque con el corazón se cree para justicia, pero con la boca se confiesa para salvación." (Romanos10:9-10)

Supongamos que tiene una naranja, usted puede fácilmente decir y reconocer que "es una naranja". Es porque está familiarizado con ella. Sin embargo, si preguntara, "¿Me puede decir detalladamente qué beneficios le brinda la naranja al cuerpo humano?". Sólo pocas personas podrían responder a esto. Si no es un experto en este campo, le sería muy difícil explicarlo detalladamente.

Ahora bien, ¿Cómo puede saber todo acerca de las naranjas? Primero, deberá aprender de expertos y guardar ese conocimiento en su mente. Aun así, no le es útil si sólo ha escuchado y aprendido acerca de ello. Sólo le será útil cuando efectivamente pele y coma la naranja. Cuando la coma, la podrá saborear y podrá nutrir su sangre, carne y huesos al proveer su cuerpo con los nutrientes y propiedades de la naranja.

De la misma manera, a menos que aprenda de la mayordomía de Dios y de Su providencia tal como se muestra en la cruz y comprenda claramente el amor y la gracia de Dios por usted, le resultará inútil tan sólo saberlo.

Creer con el corazón y confesar con la boca

Si entiende el mensaje de la cruz y siente en su corazón un verdadero amor por Dios, puede llegar a tener verdadera fe y llevar una genuina vida cristiana que lo guíe a la vida eterna. Pero si no lo entiende, incluso, aunque haya asistido a una iglesia por diez o veinte años, todavía podría hallarse pecando y conformándose a este mundo. En ese caso nunca podrá llegar a ser salvo.

Antes de conocer a Dios, yo era un ateo y porfiaba en que Dios no existía, ni los demonios, ni el reino de los cielos, ni tampoco el infierno. Aprendí a ser ateo en el colegio y creí que el ateísmo era la verdad, y que por ello, la gente pensaría que yo era inteligente.

Sin embargo, en lo profundo de mi corazón eso no era cierto. No podía negar que había vida después de la muerte, y que tenía miedo de ir al infierno luego de morir.

Finalmente, sufrí de muchas enfermedades y estuve a punto de morir. Luego de conocer al Dios viviente, fui sanado de todas estas dolencias y comprendí claramente el amor de Dios oculto en la cruz.

Luego recibí el llamado para ser ministro del Señor. Ahora soy el primero en dar testimonio del poder del Dios vivo y de nuestro Señor Jesucristo. He guiado a numerosas almas al camino de la salvación. Si entiende completamente el gran amor de Dios y la providencia para la salvación del ser humano, logrará alcanzar la vida eterna y el derecho de entrar al cielo; y podrá ser un verdadero testigo del evangelio de Jesucristo. Debe comprender claramente por qué Dios creó al hombre; y por qué lo perfeccionó y cultivó para que de esa forma pudiera entender el verdadero significado y el propósito de su vida.

Dios crea a los seres humanos

Es inescrutable el misterio que encierra la formación misma de los órganos, las células y los tejidos del cuerpo humano. Dios, quien creó al hombre de esta manera, desea tener verdaderos hijos con los cuales pueda compartir Su amor eternamente. Con este propósito Dios hizo al hombre a Su imagen y a Su semejanza y lo ha perfeccionado, formado y cultivado; y le ha preparado el reino de los cielos.

Pero, ¿Cómo creó Dios todas las cosas en el universo y cómo formó al hombre?

La creación en seis días

El capítulo 1 de Génesis nos describe claramente el proceso por el cual Dios creó los cielos y la tierra en seis días. Dios dijo: *"Sea la luz"*, y fue la luz. Entonces dijo, *"Reúnanse las aguas que están debajo de los cielos en un solo lugar, para que se descubra lo seco"*, y fue así. Y así sucesivamente.

Como se cita en Hebreos 11:3 *"Por la fe comprendemos que el universo fue hecho por la palabra de Dios, de modo que lo que se ve fue hecho de lo que no se veía"*, Dios creó el universo entero mediante Su Palabra.

Dios creó la luz en el primer día, creó el firmamento en el segundo día y en el tercer día, permitió que las aguas debajo de los cielos se juntasen en un solo lugar y llamó a ese lugar seco "tierra" y a la reunión de las aguas "mares". Hizo que la tierra produzca vegetación: Plantas con sus semillas y árboles en la tierra que llevaran fruto con semilla. En el cuarto día, creó el Sol, la Luna y las estrellas en la expansión de los cielos e hizo que el Sol señorease en el día y la Luna en la noche. En el quinto día, creó a las criaturas del mar y toda clase de seres vivientes que se movían en las aguas llenándolas conforme a sus especies, y toda ave conforme a su clase. En el sexto día, creó todo tipo de bestias; criaturas que se mueven por toda la tierra, animales salvajes, cada uno conforme a su especie.

El hombre creado a la imagen de Dios

Dios el Creador preparó en seis días un medio ambiente en el cual el hombre pudiera vivir, y entonces, formó al hombre a Su imagen. Dios bendijo al hombre como señor de todas las criaturas, y le dijo que señoreará y gobernará sobre ellas.

Y creó Dios al hombre a su imagen, a imagen de Dios lo creó; varón y hembra lo creó. Dios los bendijo y les dijo: "Fructificad y multiplicaos; llenad la tierra y sometedla; ejerced potestad sobre los peces del mar, las aves de los cielos y todas las bestias que se mueven sobre la tierra". (Génesis 1:27-28)

Ahora bien, ¿Cómo, creó Dios al hombre? *"Entonces Jehová Dios formó al hombre del polvo de la tierra, sopló en su nariz aliento de vida y fue el hombre un ser viviente"* (Génesis 2:7).

En este versículo, el polvo se refiere al barro. Un experto alfarero, utilizando barro de calidad, hace una porcelana de color verde claro o porcelana de color blanco de gran valor monetario. Al contrario, otros alfareros, hacen piezas de cerámica sin lustre, o techos de baldosa o de ladrillos.

El valor de una pieza de loza o de porcelana depende principalmente de quién la hizo, de lo hábilmente que fue hecha, de la clase de material que se usó y del modelo del producto. Dado que el todopoderoso Dios Creador formó al hombre a Su imagen, ¿Se pueden imaginar lo hermoso que lo habrá hecho?

Luego de formar del polvo al hombre a Su imagen, Dios sopló en su nariz aliento de vida, que es energía viva o vivificante. Entonces el hombre llegó a ser un espíritu viviente. El aliento de vida es fuerza, poder, energía y Espíritu de Dios.

Dios sopla aliento de vida en el hombre

Usted podrá entender más fácilmente el proceso por el cual el hombre fue creado como espíritu viviente al prender un foco de luz. Si desea que un foco irradie luz, primero debe saber si está bien hecho y entonces enchufarlo. No obstante, no podrá iluminar hasta que no lo conecte a la corriente eléctrica.

El aparato de televisión en su hogar trabaja de la misma forma. Usted no podrá ver absolutamente nada en la pantalla hasta prenderlo, pero una vez que lo hace, podrá ver y escuchar diversos tipos de imágenes y sonidos. Podrá visualizar imágenes en la pantalla con tan sólo cambiar los canales. Sin embargo, en la parte interior del televisor, un conjunto de partes previamente elaboradas de una manera muy complicada han sido ensambladas.

De igual manera, Dios formó del polvo de la tierra, no sólo la parte externa del hombre, sino también sus órganos internos y huesos. Hizo las venas a través de las cuales fluye la sangre y el sistema nervioso que cumple perfectamente su función.

El poder de Dios pudo transformar el polvo en una suave piel con tan sólo desearlo. Al igual que cuando la electricidad comienza a fluir, de la misma forma Dios sopló el aliento de vida en el hombre. Entonces, inmediatamente la sangre comenzó a circular, y pudo respirar y moverse. Además, Dios hizo unidades de memoria en las células del cerebro del hombre, para que así pudiera ingresar y almacenar en estas células todo lo que escuche y sienta. Lo que ingresaba y memorizaba se convirtió en conocimiento, y el conocimiento se reprodujo en pensamientos. Cuando se usa el conocimiento almacenado en su vida, a eso se denomina sabiduría.

Los seres humanos, a pesar de ser simples criaturas, han incrementado su sabiduría y conocimiento y han desarrollado una civilización en base al progreso científico. Ahora, el hombre explora el universo y hace computadoras e ingresa masivamente información en ellas o actualiza esos datos aprovechando de esa tecnología, precisamente como Dios hizo las unidades de memoria en las células cerebrales. El hombre ha llegado tan lejos que puede hacer computadoras con inteligencia artificial (A.I), que llegan a reconocer letras o la voz del hombre y pueden comunicarse con otras computadoras. Conforme transcurra el tiempo, el hombre llegará a desarrollarse aún más y más todavía.

¡Qué fácil debe haber sido para el todopoderoso Dios el Creador formar al hombre del polvo de la tierra y soplar aliento de vida para hacerlo un ser viviente! Es tan fácil para Dios, poder hacer algo de la nada, y sin embargo, es tan maravilloso e insondable aún para el hombre. (Salmo 139:13-14).

¿Por qué Dios crea, perfecciona, y cultiva a los seres humanos?

Jesús por medio de muchas parábolas nos enseñó la providencia de Dios. Debido a que el reino espiritual no puede ser entendido por medio del simple conocimiento humano, Jesús usó en las parábolas objetos o situaciones comunes que vivimos en la tierra para que pudiésemos entender el mundo espiritual.

Muchas de éstas se refieren al cultivo de la tierra. Por ejemplo, tenemos la parábola del sembrador (Mateo 13:3-23; Marcos 4:3-20; Lucas 8:4-15), la parábola de la semilla de mostaza (Mateo 13:31-32; Marcos 4:30-32; Lucas 13:18-19), la parábola del trigo y la cizaña en el campo (Mateo 13:24- 30, 36-43), la parábola de la viña (Mateo 20:1-16), y la parábola de los labradores (Mateo 21:33-41; Marcos 12:1-9; Lucas 20:9-16).

Estas parábolas nos muestran que, justamente como los agricultores limpian la tierra, siembran las semillas, las cultivan y se produce la cosecha, Dios forma y cultiva a los seres humanos en la Tierra y al final separará el trigo de la cizaña.

Dios desea compartir su amor con sus verdaderos hijos.

No solamente Dios posee deidad o divinidad, sino que también tiene una parte de humanidad. Su deidad o divinidad es el poder de la omnisciencia y de la omnipotencia de Dios, el Creador mismo, y Su humanidad es la mente del hombre.

Así, Dios creó y gobierna todo el universo, determina la historia del ser humano y su existencia. También siente gozo, ira, pena y alegría; y desea compartir amor con Sus hijos.

En numerosas ocasiones, la Biblia nos muestra que Dios tiene una personalidad como los seres humanos. Dios se regocija y bendice a los hombres cuando ellos, (que han sido creados a la imagen de Dios), hacen lo que es correcto, pero se lamenta y gime cuando pecan. El deseo de Dios por tener omunión con Sus hijos y por bendecirlos con todo lo bueno es frecuentemente expresado en la Palabra de Dios.

Si Dios hubiese tenido sólo características divinas, no hubiera necesitado descansar luego de los seis días en los que creó el universo, ni tampoco hubiera deseado tener comunión o compañerismo con nosotros, diciéndonos, *"Orad sin cesar"* (1 Tesalonicenses 5:17), *"Clama a mí, y yo te responderé, y te enseñaré cosas grandes y ocultas que tú no conoces"* (Jeremías 33:3).

Algunas veces se puede desear estar solo, pero tal vez en otras ocasiones resulte más agradable estar con un amigo que piense igual que usted y con quien pueda compartir su amor. De igual forma, Dios creó al hombre a Su imagen porque deseaba compartir Su amor con alguien. Está perfeccionando, formando y cultivando el espíritu de los seres humanos en esta mundo porque desea hijos verdaderos que puedan entender Su corazón y amarle de todo corazón.

Dios desea que sus hijos obedezcan por propia voluntad

Algunas personas pueden preguntarse ¿Por qué Dios creó a los seres humanos y los ha estado perfeccionando, formando y cultivando; aun cuando tiene miles de ángeles obedientes y un ejército celestial en los cielos? Sin embargo, ellos no tienen las características humanas que son tan importantes para compartir amor con Dios. En otras palabras, no tienen libre albedrío o voluntad propia para escoger por sí mismos. Obedecen muy bien las órdenes, tal como lo haría –si cabe la comparación– un robot, pero no pueden sentir el mismo gozo, ira, pena, placer ni alegría como lo hace el ser humano. Por lo tanto, no pueden amar a Dios de la misma forma que lo ama un ser humano con todo su corazón.

Por ejemplo, supongamos que usted tiene dos niños: Uno de ellos sólo sigue sus órdenes sin expresar ningún tipo de emoción, opinión o amor, igual que un robot bien programado. El otro, algunas veces, hiere sus sentimientos, pero pronto se lamenta de sus actos, se le acerca dulcemente y expresa su arrepentimiento de muchas maneras. Entonces, ¿A quién de los dos amaría más? Por supuesto, que al último.

Supongamos que tiene un robot que cocina, limpia la casa, y le atiende. Aun así, no amaría al robot más que a sus hijos. No importa lo bien que el robot pueda trabajar y lo útil que pueda ser, jamás podrá tomar el lugar de sus hijos. De la misma manera, Dios prefiere a los seres humanos que lo obedecen con gozo y alegría por su propia voluntad, con entendimiento y con sus emociones, antes que a los ángeles y a las huestes celestiales que actúan obedientemente como robots bien programados. Dios dio a los seres humanos libre albedrío y también les dio Su Palabra. Luego les enseña lo que es bueno y malo, y cual es el camino para la salvación o para la muerte. Y espera pacientemente hasta que lleguen a ser verdaderos hijos.

Dios forma, perfecciona y cultiva al ser humano con afecto paternal

Génesis 6:5 cita:

"Y vió Jehová que la maldad de los hombres era mucha en la tierra, y que todo designio de los pensamientos del corazón de ellos era de continuo solamente el mal. Y se arrepintió Jehová de haber hecho hombre en la tierra, y le dolió en su corazón".

¿Acaso esto quiere decir que Dios no sabía lo que iba a suceder cuando hizo al hombre? Ciertamente que lo sabía.

Dios es omnisciente y omnipotente y lo sabe todo desde antes del inicio de los siglos. No obstante, creó a los seres humanos y desde entonces los ha estado formando, perfeccionando, y cultivando.

Si son padres, tal vez puedan entender esto más fácilmente. ¡Que duro es para una madre dar a luz un hijo y luego criarlo! Mientras la mujer está gestando, por nueve meses siente permanentemente diversos tipos de molestias como náuseas, malestares, etc. En el momento del parto, la madre siente un gran dolor. Por otra parte, para alimentar, vestir y educar a los hijos, los padres hacen grandes esfuerzos y trabajan duro día y noche. Cuando los hijos llegan tarde a casa, sus padres se preocupan por ellos. Cuando se enferman, sus padres sienten mucho más el dolor que los propios hijos.

¿Por qué entonces los padres crían a sus hijos a pesar de todo este dolor y esfuerzo? La razón es que desean compartir su amor con otro ser, es decir, alguien que pueda sentir su amor, y a su vez, amarlos de todo corazón. Para los padres, incluso, tales dolores producen felicidad. Mas aún, si los hijos se parecen mucho a sus padres, ¡Que lindos son! Por supuesto, todos los niños no pueden ser totalmente sumisos y obedientes a sus padres. Algunos niños aman y respetan a sus padres, pero otros los entristecen y afligen.

De igual forma, sabiendo y conociendo todos los sufrimientos que implica criar niños, los padres no piensan que tales cosas sean dolorosas. En lugar de eso, hacen tremendos esfuerzos, esperando que sus hijos crezcan y se eduquen bien y sean una alegría para ellos. Igualmente, Dios sabía que los seres humanos desobedecerían, se corromperían, y le causarían una gran tristeza y aflicción; pero también sabía que habrían algunos de ellos quienes llegarían a ser Sus verdaderos hijos y que compartirían Su amor. En consecuencia, Dios creó a los seres humanos y los ha estado criando, educando y formando con alegría y agrado.

Dios desea que sus verdaderos hijos lo glorifiquen

Dios está perfeccionando, y cultivando el espíritu del ser humano en este mundo, no solamente para tener verdaderos hijos, sino también para ser glorificado a través de ellos. Dios puede recibir eternamente la gloria de una multitud de ángeles y de toda las huestes celestiales. Sin embargo, lo que realmente desea es ser glorificado de todo corazón por Sus verdaderos hijos.

Dios nos dice en Isaías 43:7 que, *"¡ todos los llamados de mi nombre, para gloria mía los he creado, los formé y los hice!"*. Y, en 1ª Corintios 10:31, nos instruye *"Si, pues, coméis o bebéis o hacéis otra cosa, hacedlo todo para la gloria de Dios"*. Dios el Creador, es amor y es justicia. Por ello, es que dio a Su Único Hijo para salvarnos, y dispuso para ellos los cielos y la vida eterna. Él es el más digno de recibir toda la gloria. Además, desea darle gloria a aquellos que lo han glorificado.

Por lo tanto, debemos llegar a ser verdaderos hijos de Dios con los que Él pueda compartir para siempre Su amor, comprendiendo que Dios desea ser glorificado a través de Sus hijos que son formados, perfeccionados y cultivados espiritualmente.

Dios separa el trigo de la cizaña

Los agricultores cultivan la tierra porque quieren obtener abundantes cosechas. Dios también cultiva en la Tierra el espíritu del ser humano para lograr verdaderos hijos que no sólo lo amen y lo glorifiquen de corazón, sino también para que compartan Su amor con Él eternamente en el cielo.

Durante la cosecha siempre se ven a presentar dos cosas: el trigo y la cizaña, Por eso los agricultores separan el trigo de la paja, juntan el trigo en sus graneros y queman la paja en el fuego. Igualmente Dios separará el trigo de la paja al final del perfeccionamiento del espíritu del ser humano:

> *"Su aventador está en su mano, y limpiará su era; y recogerá su trigo en el granero y quemará la paja en fuego que nunca se apagará."* (Mateo 3:12)

En consecuencia, debemos creer firmemente que Dios cultiva, perfecciona y forma el espíritu del ser humano en este a mundo, y que en Su tiempo Él juntará el trigo –sus verdaderos hijos- en el cielo para vida eterna, pero quemará la paja en el infierno con el fuego que nunca se apagará.

Profundicemos más, entonces, en la clase de hombres que representan el trigo y la paja de acuerdo a la perspectiva de Dios, y qué clase de lugar es el cielo y el infierno.

El trigo y la paja

El trigo simboliza aquellos que aceptan a Jesucristo, caminan en la verdad, y aman a Dios. Son hijos de luz que han recuperado la imagen perdida de Dios y que hacen cualquier cosa que Dios les manda.

Al contrario, la paja representa aquellos que no aceptan a Jesucristo, o los que claman creer, pero no viven conforme a la

Palabra de Dios, sino siguiendo sus propios deseos.

En 1ª Timoteo 2:4 se describe a nuestro Señor como *"el cual quiere que todos los hombres sean salvos y vengan al conocimiento de la verdad"*. Esto es, Dios quiere que todos los hombres sean trigo y entren al reino de los Cielos.

Dios desea que usted entienda esto y así guiarlo al camino de la salvación. Sin embargo, algunos finalmente transgreden la voluntad y la providencia de Dios por su propia y libre voluntad. Estas personas no son mejores que los animales delante de Dios porque han perdido los valores del ser humano.

Los agricultores queman la paja en el fuego o la utilizan como fertilizante porque si ambos, la paja y el trigo se juntan en el granero, el trigo se llegará a podrir. Por eso, Dios no dejará que la paja entre al reino de los cielos donde habrá sólo trigo. A diferencia de los animales, un hombre tiene espíritu eterno porque Dios sopló el aliento de vida, cuando lo creó.

Por lo tanto, Dios no podrá destruir la paja o la dejará amontonar. Es inevitable que Dios junte el trigo en el cielo y les deje disfrutar de eterna felicidad, y que queme la paja en el fuego eterno del infierno. Por lo tanto, debe entender esto a fin de no ser arrojado al fuego eterno del infierno.

La belleza del cielo y el horror del infierno

Por una parte, el cielo es tan hermoso que no puede ser comparado con ninguna otra cosa en este mundo. Por ejemplo, las flores en este mundo se marchitan muy pronto, pero las flores en el cielo ni se marchitan ni se deshojan porque todo en el cielo es eterno. Los caminos son de oro puro que es tan resplandeciente como el cristal, el Río de la Vida brilla y resplandece como cristal puro y corre a través de las casas que están hechas con toda clase de joyas. Todo es de una belleza que nos deja estupefactos y sin habla (Por favor consultar el libro *Cielo I* y *Cielo II*).

Por otro lado, el infierno es donde el gusano no muere y el fuego nunca se apaga. Todos allí serán salados con fuego. (Marcos 9:48-49). Además, en el infierno hay un lago de azufre hirviendo que es siete veces más caliente que el lago de fuego. (Apocalipsis 20:10, 15). Las personas no salvas deberán vivir para siempre en el lago de fuego que nunca se apaga o en el lago del azufre hirviendo. ¡Qué horrible y espantoso debe ser vivir allí eternamente! (Por favor consultar el libro Infierno).

Por eso, en Marcos 9:43, Jesús dice que, *"Si tu mano te fuere ocasión de caer, córtala; mejor te es entrar en la vida manco, que teniendo dos manos ir al infierno, al fuego que no puede ser apagado."*

¿Por qué el Dios de amor tuvo que hacer estos dos lugares: un infierno tan horrible y un cielo tan hermoso? Si a los malvados e impíos se les permitiera entrar al lugar donde irán a vivir aquellos que han sido buenos con Dios, esto causaría dolor a los justos; y el cielo sería contaminado por el mal. En resumen, Dios hizo el infierno porque ama a los seres humanos y desea dar a Sus hijos solamente lo mejor.

El Juicio del Gran Trono Blanco

Al igual que el agricultor siembra semillas y cosecha año tras año, Dios ha formado y cultivado el espíritu del ser humano desde que Adán fue echado fuera del Jardín del Edén y lo continuará haciendo hasta que Jesús vuelva otra vez.

Dios manifestó Su voluntad a los patriarcas de la fe tales como Noé, Abraham, Moisés, Juan el bautista, Pedro, y el apóstol Pablo. Hoy en día, Dios continúa perfeccionando, formando y cultivando el espíritu del ser humano a través de Sus ministros y obreros. No obstante, así como después de un principio necesariamente hay un final, el perfeccionamiento, formación y cultivo del espíritu del ser humano no durará para siempre.

En 2ª Pedro 3:8 se nos insta *"Pero, amados, no ignoréis esto: que para con el Señor un día es como mil años y mil años como un día"*. Exactamente como Dios descansó en el séptimo día luego de los seis días de la creación del universo, la segunda venida de Jesús y el Reino del Milenio, vendrán luego de 6 mil años desde la desobediencia de Adán. Luego de esto, a través del juicio ante el Tribunal de Cristo y ante el Gran Trono Blanco, Dios hará que el trigo entre al cielo y arrojará la paja al fuego eterno del infierno.

Oro en el nombre del Señor Jesucristo a fin que puedan entender la providencia y el amor de Dios al perfeccionar, formar y cultivar a los seres humanos, y así puedan ser bendecidos en su vida y -de esta forma- glorifiquen a Dios al tener la firme esperanza del cielo.

Capítulo 3

EL ÁRBOL DE LA CIENCIA DEL BIEN Y DEL MAL

- Adán y Eva en el Jardín del Edén
- Adán desobedece por voluntad propia
- La paga del pecado es muerte
- ¿Por qué puso Dios el árbol
  de la ciencia del bien y del mal?

"Tomó, pues, Jehová Dios al hombre y lo puso en el huerto de Edén, para que lo labrara y lo cuidara. Y mandó Jehová Dios al hombre, diciendo, "De todo árbol del huerto podrás comer; pero del árbol del conocimiento del bien y del mal no comerás, porque el día que de él comas, ciertamente morirás".

Génesis 2:15-17

Aquellos que no conocen el gran amor del Dios Creador y Su profunda y completa providencia por levantar y edificar a Sus verdaderos hijos, pueden preguntarse: "¿Por qué puso Dios el árbol de la ciencia del bien y del mal en el Jardín del Edén?" "¿Por qué permitió que el primer hombre fuera por el camino de la perdición y de la muerte?". Estas personas piensan que si Dios no hubiera puesto el árbol allí, el hombre no hubiera muerto, y podría haber gozado para siempre de una vida feliz en el Jardín del Edén.

Algunos dicen entre líneas, cosas como "Dios tal vez no sabía de antemano que Adán comería del fruto del árbol del conocimiento del bien y del mal"; porque no creen en la omnisciencia y omnipotencia de Dios. ¿Acaso Dios no tuvo el discernimiento necesario y adecuado al colocar el árbol en el Jardín del Edén y no saber de la futura desobediencia de Adán? O ¿Dios puso el árbol ahí a propósito y dirigió al hombre al camino de su perdición? ¡Por supuesto que no!

Entonces, ¿Por qué plantó Dios el árbol de la ciencia del bien y del mal en medio del Jardín del Edén? ¿Por qué desobedeció Adán el mandamiento de Dios y escogió el camino de la muerte?

Adán y Eva en el Jardín del Edén

Dios formó al hombre del polvo de la tierra y sopló en su nariz aliento de vida, y el hombre llegó a ser un ser viviente (Génesis 2:7). Un ser viviente es un ente espiritual que cuando es creado no tiene ninguna clase de conocimiento. Tomemos un ejemplo fácil. Un bebé recién nacido no tiene sabiduría ni conocimiento. El bebé tiene un sistema de memoria en su cerebro, pero nunca ha visto, ni ha oído ni se le ha enseñado cosa alguna. Por lo tanto, el bebé sólo puede actuar en base a sus instintos.

Igualmente, Adán en un principio cuando fue un ser viviente, no tenía sabiduría espiritual ni conocimiento alguno.

Dios enseñó a Adán el conocimiento de la vida

Dios plantó un huerto en el Este de Edén y puso allí ha Adán. Paso a paso Dios le dio a Adán conocimiento de la vida y de la verdad, para que señoreara y gobernara el Huerto del Edén.

En Génesis 2:19 leemos: *"Jehová Dios formó, pues, de la tierra toda bestia del campo y toda ave de los cielos, y las trajo a Adán para que viera como las había de llamar; y el nombre que Adán dio a los seres vivientes, ése es su nombre"*. Adán fue lo suficientemente preparado con el conocimiento de la vida para gobernar sobre todas las cosas.

Asimismo, a Dios no le pareció bueno que Adán estuviera solo. Por eso, Dios lo hizo entrar en un profundo sueño para hacerle una ayuda idónea. Y mientras dormía, Dios tomó de él una costilla y volvió a sellar esa hendidura con carne. Así, creó a la mujer de la costilla que había sacado del hombre y se la trajo a él. Dios hizo que el hombre se uniera con su esposa y llegaron a ser una sola carne (Génesis 2:20-22).

Y esto se hizo así, no debido a que Adán mismo se sintiera solo, sino porque Dios había estado solo por un largo período de tiempo antes del inicio de los siglos y sabía y conocía lo que era la soledad. El gran amor y la enorme gracia de Dios lo llevó a hacerle una ayuda o compañera idónea a Adán, y conociendo con anterioridad la situación de Adán, bendijo al hombre y a su esposa para que pudieran fructificarse, prosperar y poblar toda la Tierra.

El tiempo que Adán vivió en el Huerto del Edén

Podemos entonces preguntarnos, ¿Cuánto tiempo vivió Adán y su esposa Eva en el Huerto de Edén? La Biblia no especifica esto detalladamente, pero debe saber que vivieron allí más tiempo de lo que piensa la mayoría de la gente.

La Biblia menciona todos estos hechos en sólo unos cuantos versículos, por eso, muchos piensan que Adán comió del fruto prohibido y fue castigado poco tiempo después de que Dios lo pusiera en el Jardín del Edén. Algunos se preguntan, "La Biblia dice que la historia del ser humano data de 6 mil años, pero ¿Cómo se puede explicar entonces la cantidad de restos fósiles hallados que provienen de cientos de miles de años atrás?".

La historia de la civilización humana en la Biblia es de cerca de 6 mil años, tomando como inicio el momento en el que Adán y Eva fueron sacados del Edén. Este lapso no incluye el largo periodo en el cual ambos vivieron en el Jardín del Edén. Con el paso del tiempo, se han producido grandes cambios geológicos y geográficos como la reacción en la superficie terrestre y también diversos ciclos de reproducción y de extinción. Como ya se vio en el capítulo 1, numerosos restos fósiles atestiguan este hecho.

Tal, como Dios bendijo al hombre y a su esposa en Génesis 1:28, el primer hombre, Adán, antes que fuera maldecido, había caminado con Dios por mucho tiempo y había engendrado numerosos hijos y poblado el Huerto del Edén. Como señor de todos los seres creados, Adán sojuzgó y gobernó la Tierra así como el Jardín del Edén.

Adán desobedece por voluntad propia

Dios dio a Adán y a Eva libre albedrío y les permitió disfrutar de la abundancia y felicidad en el Huerto del Edén. Sin embargo, sólo había una cosa que Dios les prohibió. Dios les mandó no comer del árbol de la ciencia del bien y del mal.

Si Adán hubiera entendido lo profundo del corazón de Dios y verdaderamente lo hubiera amado, no hubiera comido del fruto prohibido porque sabía el mandato de Dios. Sin embargo, no obedeció esta orden específica porque en realidad no amaba a Dios.

Dios colocó el árbol de la ciencia del bien y del mal en el Huerto del Edén y estableció una ley estricta entre Dios y el hombre. Dios permitió al hombre tener el control y gobernar de acuerdo a su propio criterio. Esto fue porque Dios deseaba tener verdaderos hijos que lo obedecieran de todo corazón.

Adán menospreció la Palabra de Dios

En la Biblia, Dios da promesas de bendiciones a aquellos que obedecen Sus mandamientos y guardan toda Su Palabra. (Deuteronomio 15:4-6, 28:1-14). No obstante, a pesar de estas promesas, ¿Quién obedece Sus mandamientos? Incluso la Biblia menciona que hay sólo pocos hombres en el mundo que pueden hacerlo.

Dios con seguridad debe haber instruido al primer hombre Adán que podría disfrutar de la vida eterna y de las bendiciones siempre y cuando obedeciera, pero que –de igual forma- sufriría la muerte eterna si desobedecía. Dios le advirtió que no comiera del árbol del conocimiento del bien y del mal.

Sin embargo, Adán y Eva no obedecieron el mandamiento de Dios y comieron el fruto prohibido. Desde el principio, Satanás trató de estorbar el plan de Dios de conseguir y edificar a verdaderos hijos espirituales. Finalmente, Satanás consiguió tentarlos por medio de la serpiente, que era más astuta que cualquier otro animal, para que comieran de ese fruto (Génesis 3:1).

Adán y Eva desobedecieron el mandamiento de Dios.

La pregunta es: ¿Cómo pudo Adán desobedecer el mandamiento de Dios, aún cuando era un espíritu viviente y Dios le había enseñado tan sólo la verdad?

En Génesis 2:15 encontramos que Dios hizo que Adán gobernara y cuidara el Huerto del Edén. Adán recibió el poder y la autoridad de Dios para gobernarlo y cuidarlo. Dios hizo que lo guardara para que Satanás y el diablo no pudieran entrar. No obstante, Satanás tuvo éxito al controlar a la serpiente y tentar a través de ella a Eva. ¿Cómo fue esto posible?

En una palabra, Satanás es un espíritu maligno que tiene autoridad sobre el reino del aire. Satanás no tiene forma. En Efesios 2:2, se menciona a Satanás como *"El príncipe de la potestad del aire, el espíritu que ahora opera en los hijos de desobediencia"*.

Debido a que Satanás actúa como las ondas que emite una radio que flotan en el aire, pudo de esa forma controlar a la serpiente en el Jardín del Edén para tentar a Eva y a Adán. En Génesis 1, se repite una frase en particular. Al final de cada día de la creación, la Biblia reitera, *"Y vio Dios que era bueno"*. Esta frase no fue dicha en el segundo día cuando se hizo el firmamento o la expansión de los cielos.

Nuevamente en Efesios 2:2, se nos habla de un tiempo *"En los cuales anduvisteis en otro tiempo, siguiendo la corriente de este mundo, conforme al príncipe de la potestad del aire, el espíritu que ahora opera en los hijos de desobediencia"*. Dios sabía de antemano que los espíritus malignos tendrían autoridad sobre el reino o la potestad del aire.

Eva cayó en la tentación de la serpiente

La serpiente es sólo un reptil más en la tierra. ¿Cómo es que logró tentar a Eva para que desobedeciera el mandato de Dios?

En el Huerto del Edén, el hombre podía comunicarse con

todas las criaturas vivientes, como las flores, los árboles, las aves, los animales, etc. Eva también podía comunicarse con la serpiente. Al principio, a diferencia de hoy, las serpientes eran queridas por el hombre. Eran delicadas, limpias, y lo suficientemente ingeniosas como para ganarse el cariño y la protección de Eva. Conocían bien a Eva y trataban de agradarla. Es el mismo caso con los perros que son queridos y apreciados por sus dueños debido a que son listos y los acompañan mejor que cualquier otro animal.

Sin embargo, mucha gente dice: "Las serpientes son horribles, venenosas y repugnantes". A estas personas le desagradan casi instintivamente las serpientes porque son las que engañaron a Eva y a Adán para que desobedecieran el mandamiento de Dios y fueran por el camino de la perdición.

Para entender la naturaleza de la serpiente, se debe conocer las características que tuvo la Tierra en un principio. Cada región o suelo tiene diferentes componentes y diferentes combinaciones y proporciones. De acuerdo con los elementos añadidos a la tierra, el suelo puede llegar a ser bueno o malo. Cuando Dios creó a los animales del campo y las aves del cielo, seleccionó para cada uno un tipo de suelo o habitat que era el más apropiado para ese tipo de animal (Génesis 2:19).

Al principio, Dios no hizo a la serpiente astuta. Dios la hizo lo suficientemente sabia para ser querida por el hombre. No obstante, la serpiente adquirió esa astucia luego de que la naturaleza maligna penetrara en ella. Si la serpiente no hubiera oído la voz de Satanás sino sólo hubiera hecho la voluntad de Dios, hubiera sido un animal sabio y bueno. Sin embargo, como oyó y obedeció la voz de Satanás, la serpiente se volvió un animal astuto que engañó a Eva.

¿Por qué Eva cambió la Palabra de Dios?

La serpiente sabía que Dios le había dicho a Adán y a la mujer: *"...pero del árbol de la ciencia del bien y del mal no comerás, porque el día que de él comas, ciertamente morirás"* (Génesis 2:16-17). Por eso, le preguntó astutamente a Eva, *"¿Con que Dios os ha dicho: "no comáis de todo árbol del huerto?"* (Génesis 3:1).

¿Cómo le respondió Eva a la serpiente?

La mujer le respondió a la serpiente: "Del fruto de los árboles del huerto podemos comer, pero del fruto del árbol que está en medio del huerto dijo Dios; "No comeréis de él, ni lo tocaréis, para que no muráis". (Génesis 3:2-3)

Dios les había hecho a Adán y Eva una clara advertencia: *"De todo árbol del huerto podrás comer; pero del árbol de la ciencia del bien y del mal no comerás, porque el día que de él comieres, ciertamente morirás"* (Génesis 2:17). Dios recalcó y subrayó el hecho que no vivirían si comían del árbol.

No obstante, la respuesta de Eva no fue tan evidente. Ella tan sólo respondió: "Para que no muráis". Omitió la palabra "Ciertamente". En otras palabras, quiso decir: "Si comemos del fruto prohibido, podemos morir".

Eva no guardó en su mente el mandamiento de Dios y dudó de la Palabra de Dios. Luego de que la serpiente escuchara su vaga y dudosa respuesta, se apresuró en tentarla más firmemente. Incluso distorsionó el mandamiento de Dios.

La serpiente dijo a la mujer, "Ustedes ciertamente no morirán". Comenzó a alterar el mandamiento de Dios y alentar a la mujer: *"Pero Dios sabe que el día que comáis de él serán abiertos vuestros ojos y seréis como Dios, conocedores del bien y el mal"* (Génesis 3:5). La tentó otra vez, estimulando aun más su curiosidad.

Eva desobedeció por voluntad propia

Luego que Satanás pusiera y alentara los deseos pecaminosos en la mujer por medio de sus falsos y engañosos pensamientos, ella vio el árbol de manera diferente. En Génesis 3:6 se lee, *"Al ver la mujer que el árbol era bueno para comer, agradable a los ojos y deseable para alcanzar la sabiduría, tomó de su fruto y comió y dio también a su marido, el cual comió igual que ella"*.

Eva debió haber desechado absoluta y completamente la tentación de la serpiente. El deseo pecaminoso del ser humano, la lujuria de los ojos y el orgullo o la vanagloria de la vida la consumieron y la llevaron al pecado de desobediencia.

Algunos dicen, "¿Acaso Adán y Eva no comieron del fruto del árbol del conocimiento del bien y del mal porque ya tenían la "naturaleza pecaminosa"?". Antes de desobedecer, no tenían ninguna naturaleza pecaminosa, sino sólo bondad. ¿Tenían libre albedrío y voluntad propia por lo que podían o no comer del fruto prohibido, e ir en contra del mandamiento de Dios?

Con el tiempo, ambos dejaron de lado el mandamiento de Dios. Entonces Satanás los tentó por medio de la serpiente y sucumbieron a la tentación. De esa manera el pecado vino a través de ellos y violaron el orden que Dios había establecido.

Sucede lo mismo con los niños que crecen en un ambiente malo. Incluso un niño que es malo en sus acciones y palabras no ha sido siempre malo desde su nacimiento. Primero, imita las palabras vulgares de otros niños o maldice sin tener conocimiento de su significado. O puede imitar a un niño que golpea a otro y disfrutar golpeando a otros niños y viéndolos llorar. Como resultado de esto, repetidamente golpeará a otros niños y el mal se concebirá y crecerá en él.

De la misma manera, Adán en el principio no tenía naturaleza pecaminosa. Cuando desobedeció el mandamiento de Dios y comió del árbol prohibido por propia voluntad, el pecado fue concebido y la maldad entró y se estableció en él.

La paga del pecado es muerte

Exactamente como Dios dijo a Adán y a Eva, "...pero del árbol del conocimiento del bien y del mal no comerás, porque el día que de él comas, ciertamente morirás", ellos ciertamente murieron luego de comer el fruto del árbol. En Santiago 1:15 se lee, *"Entonces la pasión, después que ha concebido, da a luz el pecado; y el pecado, siendo consumado, da a luz la muerte".*

Romanos 6:23 nos enseña la ley del reino espiritual acerca de la paga o consecuencia del pecado, *"La paga del pecado es muerte".* Veamos como la muerte vino a Adán y a Eva debido a su desobediencia.

Muertos en su Espíritu

Dios claramente les dijo a Adán y a Eva, "...pero del árbolde la ciencia del bien y del mal no comerás, porque el día que de él comas, ciertamente morirás". Sin embargo ellos no murieron inmediatamente después de haber desobedecido el mandamiento de Dios. Vivieron por mucho tiempo y engendraron numerosos hijos. Entonces, ¿A qué "muerte" se refería Dios en su advertencia?

Dios no se refirió a la muerte de sus cuerpos sino a la muerte de sus espíritus. El hombre fue creado con un espíritu que podía comunicarse con Dios, un alma que servía a su espíritu y un cuerpo en el que moraban su alma y su espíritu. En 1ª Tesalonicenses 5:23 se menciona que el ser humano está formado por un espíritu, un alma y un cuerpo. Cuando Adán y Eva desobedecieron el mandamiento de Dios, su espíritu, lo que controla al ser humano, murió.

Dios es perfecto y puro, y el Espíritu Santo mora en una luz inaccesible, es por eso que no puede estar cerca de los pecadores. Adán podía comunicarse con Dios cuando era un espíritu viviente, pero después que su espíritu muriera a causa del pecado, no pudo comunicarse más con Dios.

El inicio de una vida de sufrimientos

El Jardín del Edén era un lugar hermoso y de abundancia, donde no existían penas ni ansiedades, y Adán y Eva pudieron haber vivido allí eternamente comiendo del árbol de la vida. Pero fueron echados fuera del Huerto del Edén luego de haber pecado. Desde ese momento en adelante, comenzaron sus aflicciones y dificultades.

A la mujer se le multiplicó sus dolores para dar a luz. Su deseo fue para su marido y él se enseñoreó sobre ella. Sólo luego de que el hombre cultivara con esfuerzo y dolor la tierra que había sido maldecida por su causa, podría comer de ella todos los días de su vida (Génesis 3:16-17).

Dios le dice a Adán en Génesis 3:18-19: *"Espinos y cardos te producirá y comerás plantas del campo. Con el sudor de tu rostro comerás el pan, hasta que vuelvas a la tierra, porque de ella fuiste tomado; pues polvo eres y al polvo volverás"*. A través de estos versículos, Dios nos quiere decir que el hombre volverá a ser un puñado de polvo.

Debido a que Adán, el padre de la humanidad, pecó y su espíritu murió, todos sus descendientes nacieron pecadores y van por el camino de la perdición.

En Romanos 5:12 se registra el legado que Adán debe sobrellevar: *"Por tanto, como el pecado entró en el mundo por un hombre y por el pecado la muerte, así la muerte pasó a todos los hombres, por cuanto todos pecaron"*.

Todos los hombres nacen con pecado original

Dios permitió al hombre fructificarse y reproducirse e incrementar en número por medio de las semillas de vida que Dios les dió cuando los creó. Los seres son concebidos por la unión de un espermatozoide con un óvulo que Dios da a cada hombre y a cada mujer como las semillas de vida. Debido a que el espermatozoide y el óvulo tienen las características de cada padre, el bebe concebido por esta unión, se parece a sus padres en físico, carácter, gustos, hábitos, preferencias, posturas, y otras cosas.

De esa forma, la naturaleza pecaminosa de Adán se transmitió a todos sus descendientes luego que Adán, el antepasado de todos los hombres, pecara. A esto se le llama "pecado original". Por lo tanto, los descendientes de Adán nacen con el pecado original. Por eso, todos los hombres son inevitablemente pecadores.

Algunos no creyentes se quejan diciendo, "¿Por qué y cómo así soy pecador? No he cometido pecado alguno". Otros se preguntan, "¿De qué forma el pecado de Adán se me ha transmitido?". Tomemos el ejemplo de un niño. Una mamá nodriza tiene un niño de menos de un año de edad y delante de su propio hijo le dá de lactar a otro niño. Es muy probable que su bebé se moleste y trate de empujar al otro niño. Si la mamá no deja de darle de lactar al otro bebé ó el bebé no deja de succionar su pecho, su hijo puede empujarla o golpearla o golpear al otro bebé. Y si continúa dándole de lactar al otro niño, su propio bebé empezará a llorar.

A pesar de que nadie le haya enseñado al pequeño bebé a ser

envidioso, celoso, a odiar, a ser codicioso, o a golpear, el niño desde que nació ya tiene estos malos pensamientos en su mente. Este hecho explica que el hombre nace con el pecado original heredado de sus padres.

¿Cuántas veces peca una persona en el transcurso de su vida? Debemos entender que no sólo las acciones pecaminosas son pecado, sino también toda clase de malos pensamientos en nuestra mente es pecado ante Dios. Dios percibe y observa la maldad en la mente como el odio, la codicia, la condena, el insulto y muchos otros.

Por eso, la Biblia nos dice que no hay ninguno que pueda ser declarado justo ante los ojos de Dios guardando la ley y que todos los hombres están destituidos de la gloria de Dios debido a que han pecado (Romanos 3:20, 23).

No solamente el hombre sino también toda la creación recibió la maldición

Cuando Adán, que era el señor de todas las cosas, pecó y fue maldecido, la tierra y todo animal, las bestias del campo y las aves del cielo también lo fueron junto con él. Desde entonces, existen insectos dañinos y venenosos tales como los mosquitos o las moscas que transmiten toda clase de enfermedades.

La tierra comenzó a producir espinos y cardos y el hombre tuvo que cosechar con dolor y con el sudor de su frente las plantas de la tierra para alimentarse. El hombre se vio obligado a enfrentar penas, lamentos, lágrimas, enfermedades, muerte y cosas parecidas porque fue maldecido en esta tierra.

Por eso, Romanos 8:20-22 dice: *"La creación fue sujetada a vanidad, no por su propia voluntad, sino por causa del que la sujetó en esperanza. Por tanto, también la creación misma será libertada de la esclavitud de corrupción a la libertad gloriosa de los hijos de Dios. Sabemos que toda la creación gime a una, y a una está con dolores de parto hasta ahora".*

¿Cómo fue maldecida la serpiente? En Génesis 3:14, Dios le dice a la serpiente que tentó al hombre para pecar, *"Y Jehová Dios dijo a la serpiente: Por cuanto esto hiciste, maldita serás entre todas las bestias y entre todos los animales del campo; sobre tu pecho andarás, y polvo comerás todos los días de tu vida."*

Las serpientes, sin embargo, no comen polvo sino animales vivos como aves, ranas, roedores o insectos. Pero Dios le dijo claramente, *"...y polvo comerás todos los días de tu vida".* ¿Cómo se debería interpretar este versículo? "Polvo" aquí representa al "hombre que fue hecho del polvo de la tierra" (Génesis 2:7), y "la serpiente" representa a su enemigo Satanás y al diablo (Apocalipsis 20:2). "La serpiente comerá polvo todos los días de su vida", simboliza que Satanás y el diablo devoran a las personas que no viven de acuerdo a la Palabra de Dios, sino que caminan en tinieblas.

Incluso, si los hijos de Dios cometen alguna maldad o pecan contra la voluntad de Dios, tendrán que enfrentar problemas y aflicciones que Satanás y el diablo provocarán en sus vidas. Hoy en día, Satanás ronda alrededor como león rugiente buscando a quien devorar (1ª Pedro 5:8). Si encuentran a alguien, lo esclavizará bajo la maldición del pecado y lo arrastrará a la perdición. Si es posible tratará de tentar a los hijos de Dios.

Satanás y el diablo tientan a los que dicen: "Yo creo en Dios", pero no están seguros de la Palabra de Dios y los conducen a la muerte. Usualmente, Satanás trata de tentarlo a través de aquellos que están más cerca de usted, como su esposa, amigos y parientes de la misma manera que tentó a Eva a través de la serpiente, que era una de sus más queridas y consentidas mascotas.

Por ejemplo, su esposa o su amigo pueden preguntarle, "¿No basta con que asistas a la iglesia sólo los domingo en la mañana? ¿Acaso también tienes que ir incluso al servicio del domingo por la noche?" o "¿Tienes que estar todos los días con tus hermanos de la iglesia?". "Si Dios conoce incluso lo más profundo del corazón porque es omnisciente y omnipotente, ¿Por qué debes clamar al orar?".

Dios manda guardar el día domingo santo (Éxodo 20:8), congregarnos y reunirnos en el nombre del Señor (Hebreos 10:25), y clamar a Él en oración (Jeremías 33:3). Satanás no puede tentar ni hacer pecar a aquellos que permanecen totalmente en la Palabra de Dios (Mateo 7:24-25).

Exactamente como se lee en Efesios 6:11, *"Vestíos de toda la armadura de Dios, para que podáis estar firmes contra las asechanzas del diablo"*, usted debe equiparse con la Palabra de Verdad de Dios y por fe echar fuera a Satanás y al diablo.

¿Por qué puso Dios el árbol de la ciencia del bien y del mal?

Dios colocó el árbol de la ciencia del bien y del mal en el Huerto del Edén no para que el hombre se perdiera sino para darle verdadera felicidad. Mucha gente mal entiende el amor y la justicia de Dios e incluso no cree en Dios porque no comprenden con profundidad Su plan, viven una vida desanimada e insulsa sin encontrar el verdadero propósito para sus vidas.

¿Por qué, entonces, Dios colocó el árbol del conocimiento del bien y del mal en el Huerto del Edén y por qué eso es una gran bendición para nosotros?

Adán y Eva no conocían la verdadera felicidad

El Jardín del Edén era un lugar muy hermoso y de una abundancia tal que sobrepasa nuestra imaginación. Dios hizo que crecieran toda clase de árboles. Eran árboles agradables y hermosos a la vista y buenos para la alimentación. En medio del huerto estaba el árbol de la vida y el árbol del conocimiento del bien y del mal (Génesis 2:9).

¿Por qué, colocó Dios el árbol de la ciencia del bien y del mal en medio del huerto, al lado del árbol de la vida, de manera que ambos se pudieran ver? Dios nunca quiso que el hombre pecara tentándolo para que comiera del árbol. En ese hecho reside la providencia de Dios para permitirnos entender la relatividad de la vida a través del árbol de la ciencia del bien y del mal y llegar a ser verdaderos hijos espirituales y así poder realmente conocer el corazón de Dios.

Como en este mundo la gente experimenta penas, lágrimas, dolores, pobreza, y enfermedades, se puede pensar que Adán y Eva deben haber sido muy felices en el Jardín del Edén porque no experimentaron ningún tipo de sufrimientos como aflicción, pobreza o enfermedades. No obstante, en el huerto no se conocía tampoco la verdadera felicidad ni el verdadero amor porque no se había experimentado el relativismo.

Tomemos un ejemplo. Hay dos niños. Uno ha nacido y ha crecido en absoluta pobreza, pero el otro, ha nacido en abundancia y ha disfrutado de esa prosperidad. Si le da a cada uno un regalo muy costoso, ¿Qué clase de respuesta obtendrá? Por una parte, el niño que ha crecido en un ambiente acaudalado y abundante no estará tan agradecido porque no puede apreciar el valor del juguete. Por otra parte, el otro niño que ha crecido en pobreza, estará muy agradecido y estimará y valorará el juguete como algo muy preciado.

La verdadera felicidad viene a través de lo relativo

De la misma manera, aquellos que experimentan circunstancias inherentes a la libertad o a la abundancia conocen y disfrutan la verdadera felicidad y la verdadera libertad. A diferencia del Huerto del Edén, hay muchas cosas y circunstancias relativas en este mundo. Si desea conocer y disfrutar el verdadero valor de cualquier cosa, debe experimentar la relatividad de aquello. No puede darse cuenta completamente de su valor a menos que experimente lo opuesto.

Por ejemplo, si desea conocer la verdadera felicidad, deberá experimentar la desdicha o la infelicidad. Si desea conocer el valor del verdadero amor, deberá experimentar el odio. No puede darse cuenta completamente del valor de su salud hasta que pase por el dolor de la enfermedad o tenga problemas de salud. No se dará cuenta del valor de la vida eterna y no estará agradecido a Dios Padre, que preparó el cielo para los justos, hasta que entienda que hay ciertamente una muerte eterna y un infierno.

El primer hombre Adán disfrutó de todo lo que deseaba y tuvo la autoridad para gobernar todas las cosas en el Huerto del Edén. Disfrutó de todo sin fatigarse en el trabajo, ni sudar para ello. A pesar de esto, no expresó su gratitud a Dios, que le dio de todo, ni tampoco experimentó en su corazón ni conoció la gracia ni el amor de Dios.

Más tarde, Adán desobedeció el mandamiento de Dios comiendo del fruto. Hasta ese momento era un espíritu viviente, pero luego de pecar, su espíritu murió y se convirtió en un hombre carnal. El y Eva fueron sacados del Jardín del Edén y vinieron a vivir a esta tierra. Adán comenzó a padecer y a sufrir lo que nunca jamás había experimentado ni vivido en el Huerto del Edén: lágrimas, penas, enfermedades, dolor, desgracia, muerte y cosas semejantes. Finalmente, llegó a experimentar todo lo opuesto a la felicidad que había tenido en el Huerto del Edén.

En este proceso, Adán y Eva pudieron entender y sentir lo que era la felicidad y la desgracia y lo valiosa que era la libertad y la abundancia que Dios les había dado en el Jardín del Edén. Es decir, su vida no tendrá sentido si vive sin conocer lo que es la felicidad y la desgracia o la desdicha. Incluso, si en estos momentos está pasando por privaciones, después de ello, su vida será más valiosa y significativa al poder experimentar y sentir la verdadera abundancia y felicidad.

Por ejemplo, aun cuando los padres saben que sus hijos van a experimentar algún tipo de incomodidad o de dificultad al estudiar, permiten que vayan al colegio. Si realmente aman a sus hijos, los padres sin ningún problema ayudarán a sus niños a estudiar con dedicación y a conocer las cosas buenas y positivas de la vida. Es el mismo caso con el corazón de Dios Padre, que en este mundo perfecciona, forma, educa y cultiva al hombre como a un verdadero hijo a través de todo tipo de experiencias.

Por esa misma razón, Dios plantó el árbol de la ciencia del bien y del mal en el Huerto del Edén y no impidió que Adán y Eva comieran del árbol por su propia y libre voluntad. Dios planeó todas las cosas y circunstancias para que el hombre pudiera experimentar y conocer en este mundo toda clase de gozo, odio, penas y alegrías; y llegar a ser Su verdadero hijo por medio del perfeccionamiento, formación y cultivo del ser humano.

A través de las dificultades y del dolor, finalmente pudieron entender en lo profundo de sus corazones, una a una, el verdadero valor y significado de aquellas cosas y circunstancias.

A diferencia de Adán en el Huerto del Edén, los hijos de Dios debido a que han conocido y sentido la verdadera felicidad a través del perfeccionamiento y cultivo del ser humano, no traicionarán ni decepcionarán jamás otra vez a Dios. En vez de ello, lo amarán más y más intensamente, y estarán llenos de gozo y agradecimiento glorificando a Dios en todo instante.

La verdadera felicidad en el Cielo

Los hijos de Dios que han experimentado en este mundo lágrimas, lamento, dolor, enfermedades, muerte y otras cosas parecidas entrarán al eterno reino de los cielos y gozarán para siempre de felicidad, amor, gozo y agradecimiento. Sentirán el gozo de la perfecta felicidad en el cielo.

En este mundo terrenal, todas las cosas se corrompen y mueren, pero en el reino celestial no hay corrupción, ni muerte, ni lágrimas, ni lamento. El oro es un metal altamente cotizado en este mundo, pero en la Nueva Jerusalén celestial, todas las calles están hechas de oro puro. Las moradas celestiales están hechas de las más hermosas y costosas joyas. ¡Qué maravilloso y hermoso es esto!

Antes de conocer a Dios, yo consideraba que el oro y las joyas eran las cosas más valiosas en este mundo, Pero desde el momento en que aprendí acerca del cielo, empecé a considerar todas las cosas de este mundo como vanas o de poco valor. La vida en este mundo es sólo un momento comparado con el reino eterno de los cielos. Si realmente cree y tiene la esperanza del cielo, nunca amará a este mundo. En lugar de ello, sólo pensará en lo que debe y puede hacer para salvar a una persona más, o como puede evangelizar al mundo entero. Así atesorará para sí recompensas en el cielo dando sus mejores ofrendas a Dios de todo corazón, sin tratar de acumular tesoros en este mundo.

El apóstol Pablo pudo llegar hasta el final de su duro camino con gozo y agradecimiento, porque vio en una visión el tercer cielo que Dios le había mostrado. Tuvo que sufrir tremendas fatigas y privaciones como apóstol a los gentiles. Dios le mostró la gran belleza del cielo y lo animó a proseguir y a perseverar en su camino hasta el final con la esperanza del cielo. Fue golpeado, duramente azotado, apedreado, varias veces encarcelado, y derramó su sangre mientras predicaba el evangelio del Señor. A pesar de todo esto, Pablo sabía que sería grandemente recompensado en el cielo más allá de lo que podía imaginar. Al final, todas sus aflicciones fueron para grandes bendiciones celestiales.

Los hombres de Dios no se esperanzan en este mundo. Anhelan solamente el reino celestial. Este mundo es un momento a los ojos de Dios, pero la vida en el reino celestial es eterna. No hay lágrimas, ni lamento, ni sufrimiento, ni muerte en el cielo. Por tanto, pueden vivir siempre gozosamente esperando las grandes recompensas que Dios les otorgará en el cielo conforme a lo que hayan sembrado o hecho, aquí en la Tierra.

Es mi oración en el nombre de nuestro Señor Jesucristo que puedan entender el gran amor y la providencia de Dios, el Creador, y prepararse para entrar al cielo, y así disfrutar de la vida eterna y de la verdadera felicidad en un cielo glorioso e inconmensurablemente bello.

Capítulo 4

EL SECRETO OCULTO DESDE ANTES DEL INICIO DE LOS TIEMPOS

- La autoridad de Adán
  transferida al diablo
- La Ley de la Redención de la Tierra
- El secreto oculto desde antes
  del incio de los tiempos
- Jesús cumple los requisitos
  de la ley para ser el Redentor

"Sin embargo, hablamos sabiduría entre los que han alcanzado madurez en la fe; no la sabiduría de este mundo ni de los poderosos de este mundo, que perecen. Pero hablamos sabiduría de Dios en misterio, las sabiduría oculta que Dios predestinó antes de los siglos para nuestra gloria, la cual ninguno de los poderosos de este mundo conoció, porque si la hubieran conocido, nunca habrían crucificado al Señor de la gloria."

1ª Corintios 2:6-8

Adán y Eva fueron tentados por la serpiente en el Huerto del Edén, desobedeciendo el mandamiento de Dios y comiendo del árbol de la ciencia del bien y del mal porque tenían en su mente el deseo de ser iguales a Dios. Como resultado de esto, ellos y todos sus descendientes se convirtieron en pecadores.

Desde la perspectiva del ser humano, se puede pensar que Adán y Eva fueron terriblemente castigados al ser echados fuera del Jardín del Edén puesto que tuvieron que ir por la senda de la muerte. No obstante, espiritualmente hablando, fue una asombrosa bendición de Dios ya que tuvieron la oportunidad de gozar a través de Jesucristo de la salvación, de la vida eterna y de las bendiciones celestiales.

El secreto que había estado oculto para Su gloria antes del comienzo de los tiempos, por medio del perfeccionamiento y cultivo de la humanidad, fue revelado; y el camino para la salvación fue ampliamente abierto a todas las naciones.

Profundicemos un poco más en el secreto que ha estado oculto antes del inicio de los siglos y la forma como fue abierto el camino para la salvación.

La autoridad de Adán transferida al diablo

En Lucas 4:5-6, encontramos al diablo tentando a Jesús quien había terminado un ayuno de cuarenta días:

> *Luego, el diablo lo llevó a un alto monte y le mostró en un momento todos los reinos de la tierra. Le dijo el diablo: "A ti te daré todo el poder de estos reinos y la gloria de ellos, porque a mí me ha sido entregada y a quien quiero se la doy".*

El diablo dijo que podía entregar la autoridad a Jesús porque le había sido dada por alguien más. ¿Por qué Dios, que gobierna y domina sobre todas las cosas, permitió que toda autoridad le fuera dada al diablo?

En Génesis 1:28 dice, *"Los bendijo Dios y les dijo "Fructificad y multiplicaos; llenad la tierra y sometedla; ejerced potestad sobre los peces del mar, las aves de los cielos y todas las bestias que se mueven sobre la tierra'".*

Adán recibió la autoridad y el poder de Dios para administrar y gobernar sobre toda las cosas. El era señor de todo pero después de un tiempo, él y su esposa fueron engañados por la astuta serpiente al comer del árbol de la ciencia del bien y del mal. Él pecó al desobedecer a Dios.

En Romanos 6:16 se lee, *"¿No sabéis que si os sometéis a alguien como esclavos para obedecerlo, sois esclavos de aquel a quien obedecéis, sea del pecado para muerte o sea de la obediencia para justicia?".* Se es esclavo del pecado o de la justicia. Si peca, es esclavo del pecado y eso lo llevará a la muerte, sin embargo, si obedece la palabra de justicia, es esclavo de la justicia y entrará al cielo.

Adán pecó desobedeciendo a Dios y se convirtió en esclavo del pecado, por eso perdió toda la autoridad y el poder que Dios le había dado. Tuvo que ceder la autoridad y el poder al diablo, exactamente como un esclavo cuyas posesiones le pertenecen a su amo. En resumen, Adán entregó su autoridad y el poder que Dios le había dado al diablo porque pecó y pasó a ser esclavo del pecado.

La desobediencia de Adán produjo que todos los hombres pecaran. Esto ocasionó que él y toda su descendencia fueran esclavos del diablo y lo sirvieran y que estuvieran condenados a la muerte.

La Ley de la Redención de la Tierra

¿Qué es lo que las personas deben hacer para ser libres de Satanás y del diablo y recibir el perdón de sus pecados y ser salvos de la muerte eterna? Algunos dicen, "Dios perdona incondicionalmente a todos porque Dios es amor; su compasión y misericordia son abundantes". No obstante, en 1ª Corintios 14:40 se lee, *"Pero hágase todo decentemente y con orden"*. Dios hace todo en forma ordenada conforme a la ley del reino espiritual. Dios no hace nada en contra de la ley espiritual porque es un Dios de justicia e imparcial.

En el reino espiritual, existe una ley que castiga a los

pecadores que determina que, *"La paga del pecado es muerte"*. Asimismo, hay una ley para redimir a los pecadores. Esta ley espiritual debe ser aplicada para recuperar la autoridad que Adán había entregado al diablo.

Entonces, ¿Cuál es la ley de redención de los pecadores? Es la ley de la redención de la tierra registrada en el Antiguo Testamento. Antes del inicio de los tiempos, Dios Padre había preparado en secreto el camino para la salvación del ser humano conforme a esta ley.

La ley de la redención de la tierra

Este es el mandamiento de Dios para los israelitas que se encuentra en el libro de Levítico 25:23-25.

> *La tierra no se venderá a perpetuidad, porque la tierra mía es, y vosotros como forasteros y extranjeros sois para mí. Por tanto, en toda tierra de vuestra posesión otorgaréis derecho a rescatar la tierra. Si tu hermano empobrece y vende algo de su posesión, entonces su pariente más próximo vendrá y rescatará lo que su hermano haya vendido.*

Cada porción de tierra le pertenece a Dios y no debe ser vendida en forma permanente. Si alguien por pobreza vendía su tierra, Dios permitía que su pariente más cercano recuperase esa porción de tierra vendida volviendo a adquirirla. Esta es la ley de la redención de la tierra.

En el pueblo de Israel, cuando se vendían y compraban tierras, se redactaba un contrato certificado de acuerdo a la ley de redención de la tierra para no venderla permanentemente.

El comprador y el vendedor escribían en forma detallada el contenido del contrato en un certificado para que el vendedor o su pariente más cercano pudiera redimirla posteriormente. Hacían una copia y ambos estampaban sus sellos en los dos contratos en presencia de dos o tres testigos. Una copia era sellada y guardada en el depósito del Santo Templo. El otro contrato se mantenía en un recinto a la entrada, abierto y sin sellar. La ley de redención de la tierra permitía al vendedor y a su pariente más cercano redimir la tierra en cualquier momento.

La ley de la redención de la tierra y la salvación del ser humano

¿Por qué preparó Dios el camino para la salvación del ser humano de acuerdo a la ley de la redención de la tierra?

En Génesis 3:19 y 23 se muestra que la ley de la redención de la tierra tiene una directa conexión con la salvación de la humanidad:

"Con el sudor de tu rostro comerás el pan, hasta que vuelvas a la tierra, porque de ella fuiste tomado; pues polvo eres y al polvo volverás." (Génesis 3:19)

"Y lo sacó Jehová del Huerto de Edén, para que labrara la tierra de la que fue tomado." (Génesis 3:23)

Luego de su desobediencia, Dios le dijo a Adán, "Pues polvo eres y al polvo volverás". Aquí, "polvo" representa al hombre que había sido formado del polvo. Es por eso que después de la muerte, el hombre vuelve al polvo.

La ley de la redención de la tierra establece que toda la tierra es de Dios y que no debe ser vendida a perpetuidad (Levítico 25:23-25). Estos versículos quieren decir que todos los hombres fueron hechos del polvo de la tierra que pertenece a Dios y no pueden ser vendidos indefinidamente. Asimismo, indica que ninguna autoridad ni poder que Adán había recibido de Dios en el Huerto del Edén podía ser traspasado en forma permanente, porque todo le pertenecía a Dios.

La autoridad de Adán fue entregada a nuestro enemigo Satanás y al diablo; pero aquél que reúna todos los requisitos necesarios y que consecuentemente esté calificado para redimir la autoridad perdida de Adán, puede rescatarla del diablo. De esta forma, el Dios de justicia destinó un perfecto redentor conforme a la ley de la redención de la tierra. Este redentor es el Salvador de todos los hombres.

El secreto oculto desde antes del incio de los tiempos

Antes del inicio de los siglos, el Dios de amor supo que Adán desobedecería y que todos sus descendientes irían por el camino de la muerte y la perdición. Dios preparó el camino para la salvación del ser humano en secreto y lo ocultó hasta que llegó el momento que Él había ya predeterminado.

Si el diablo hubiese conocido el plan de Dios, lo hubiera obstaculizado para que el problema del pecado y de la muerte del hombre no se resolviera y así no perder su autoridad. En 1ª Corintios 2:7 se observa que, *"Pero hablamos sabiduría de Dios en misterio, la sabiduría oculta que Dios predestinó antes de los siglos para nuestra gloria"*.

Jesucristo: La sabiduría de Dios

En Romanos 5:18-19 se cita, *"Así que, como por la trasgresión de uno vino la condenación a todos los hombres, de la misma manera, por la justicia de uno vino a todos los hombres la justificación que produce vida. Así como por la desobediencia de un hombre muchos fueron constituidos pecadores, así también por la obediencia de uno, los muchos serán constituidos justos"*.

Es decir, todos los hombres son constituidos justos y son salvos por la obediencia de un hombre, exactamente como por la desobediencia de un hombre todos los hombres se constituyeron en pecadores y fueron por la senda de la muerte.

De la misma manera, Dios envió a Jesucristo, a quien había preparado en secreto, como el camino para la salvación; y permitió que Jesús fuera crucificado y lo resucitó otra vez. De allí en adelante, todo el que cree en Jesucristo es salvo. En 1ª Corintios 1:18, Dios nos dice que, *"Porque la palabra de la cruz es locura a los que se pierden; pero a los que se salvan, esto es, a nosotros, es poder de Dios"*.

Puede sonar a locura para algunas personas que el Hijo del Dios todopoderoso fuera insultado y asesinado por las criaturas que Él mismo había creado. No obstante, este "loco" plan de Dios es mucho más sabio que los planes más sabios del ser humano y lo "débil" de Dios es mucho más fuerte que la fuerza más grande del ser humano (1ª Corintios 1:25). La Biblia explícitamente dice que guardando la ley, ninguno puede ser considerado justo a los ojos de Dios. No obstante, Dios abrió un camino fácil para la salvación para todo aquel que cree en Jesucristo.

La paga del pecado es la muerte. Por lo tanto, nadie podría ser salvo si Jesús no hubiera muerto por nuestros pecados. Jesús murió en la cruz por nuestros pecados y resucitó otra vez por el poder de Dios. De igual forma, Dios preparó todo de tal forma que pareciera algo débil o necio y lo ocultó por mucho tiempo.

Dios ocultó la providencia implícita en Jesucristo y Su crucifixión porque si Satanás y el diablo, hubieran conocido de esto, habrían obstaculizado el camino para la salvación del ser humano. El diablo nunca hubiera matado a Jesús en la cruz si hubiera sabido que Dios había preparado el camino de la salvación a través de la cruz para redimir a todos los hombres de sus pecados, salvarlos de la muerte y recuperar del diablo la autoridad de Adán.

Una vez más, recordemos 1ª Corintios 2:7-8: *"Pero hablamos sabiduría de Dios en misterio, la sabiduría oculta que Dios predestinó antes de los siglos para nuestra gloria, la cual ninguno de los poderosos de este mundo conoció, porque si la hubieran conocido, nunca habrían crucificado al Señor de la gloria."*

Jesús cumple los requisitos de la ley para ser el Redentor

Así como todo contrato tiene cláusulas y reglas, el reino espiritual también tiene una norma, la cual determina que el redentor debe estar calificado para recuperar del diablo la autoridad perdida por Adán conforme a la ley de la redención de la tierra.

Por ejemplo, supongamos que hay un hombre que está al borde de la bancarrota en su negocio. Tiene una gran deuda y no puede pagarla. Si tuviera un hermano rico que lo amara lo suficiente, ese hermano podría pagar todas sus deudas.

Desde la caída de Adán, todos los hombres somos pecadores y, en consecuencia, necesitamos de un redentor que esté calificado para limpiarnos de nuestros pecados. ¿Cuáles son los requisitos del redentor? ¿Por qué afirma la Biblia que sólo Jesús cumple con los requisitos necesarios y que sólo Él está calificado para ser nuestro Redentor?

Primero: El Redentor debe ser un hombre

En Levítico 25:25 se dice, *"Si tu hermano empobrece y vende algo de su posesión, entonses su pariente más próximo vendrá y rescatará lo que su hermano haya vendido"*. La ley de la redención de la tierra establece que si un hombre vende su propiedad por no tener recursos económicos, su pariente más cercano puede redimir o volver a comprar lo que él había vendido.

En 1ª Corintios 15:21-22, se lee, *"Pues por cuanto la muerte entró por un hombre, también por un hombre la resurrección de los muertos. Así como en Adán todos mueren, también en Cristo todos serán vivificados".* El primer requisito del Redentor para restaurar la autoridad de Adán, es que debe ser un hombre. Este punto se describe detalladamente una vez más en Apocalipsis 5:1-5:

> *Y vi en la mano derecha del que estaba sentado en el trono un libro escrito por dentro y por fuera, sellado con siete sellos. Y vi un ángel poderoso que pregonaba a gran voz: "¿Quién es digno de abrir el libro y desatar sus sellos?" Pero ninguno, ni en el cielo ni en la tierra ni debajo de la tierra, podía abrir el libro, ni bien mirarlo. Y lloraba yo mucho, porque no se hallaba a nadie que fuera digno de abrir el libro, ni de leerlo, ni siquiera de mirarlo. Entonces uno de los ancianos me dijo: "No llores, porque el León de la tribu de Judá, la raíz de David, ha vencido para abrir el libro y desatar sus siete sellos".*

"Un libro escrito por dentro y por fuera, sellado con siete sellos", nos da a entender un principio espiritual establecido por Dios en forma de ley o de contrato escrito en el momento en que Adán desobedeció y se convirtió en pecador. El apóstol Juan no podía encontrar a alguien en el cielo ni en la tierra ni debajo de la tierra que fuera digno de romper los sellos y abrir el libro. Y es porque los ángeles del cielo no son hombres; además como todos los hombres en la tierra son descendientes de Adán son pecadores; y porque debajo de la tierra sólo hay espíritus malignos que pertenecen al diablo y almas muertas que van camino al infierno.

En ese momento, uno de los ancianos le dijo a Juan, "No llores, porque el León de la Tribu de Judá, la raíz de David, ha vencido para abrir el libro y desatar sus siete sellos". Aquí "la raíz de David" se refiere a Jesús, que nació de la descendencia del Rey David de la tribu de Judá (Hechos 13:22-23). Por consiguiente, Jesús cumple con el primer requisito o condición que lo califica conforme a la ley de la redención de la tierra.

Algunos podrían decir que "Siendo Dios uno y absoluto. Jesús es sin duda alguna Dios porque es el Hijo de Dios. Por eso nunca pudo llegar a ser hombre". Sin embargo, debemos recordar lo que Juan 1:1 dice , *"El Verbo era Dios"*, y en Juan 1:14, dice *"Y el Verbo se hizo carne y habitó entre nosotros"*. Dios que era el Verbo, se hizo carne y habitó aquí, en la Tierra, entre nosotros.

Fue Jesús, cuyo origen es Dios, quien se hizo carne como hombre. Él era el Verbo o la Palabra en Su inicio y el Hijo de Dios. Poseía una total humanidad y una total divinidad. No obstante, nació y creció en forma natural y normal como cualquier ser humano. La historia de la humanidad está dividida en dos grandes segmentos en función del nacimiento de Jesús: a.C., antes de Cristo; y d.C., después de Cristo. Tan sólo este hecho, testifica de por sí que Jesús se hizo carne y vino a este mundo. El nacimiento de Jesús, Su crianza y educación y Su crucifixión son también parte de este evidente hecho.

En consecuencia, Jesús vino a este mundo como hombre y está calificado para ser nuestro Redentor.

Segundo: El Redentor no debe ser descendiente de Adán

Un deudor no puede pagar las deudas de otras personas. Aquél que no tiene deuda alguna y tiene la capacidad de ayudar a otros puede pagar dichas deudas. De la misma manera, el Redentor de todos los hombres debe ser irreprensible, intachable y sin mancha a fin de redimir a todos los hombres de sus pecados y de la muerte. Todos somos descendiente de Adán, y por lo tanto, somos pecadores porque Adán, el primer antepasado de toda la humanidad, pecó. Ninguno de sus descendientes está calificado para ser el Redentor de los hombres porque todos son pecadores. Ni siquiera alguno de los más grandes hombres de la historia puede ser responsable ni responder por los pecados de otros.

Ahora bien, ¿Cumple acaso Jesús con este requisito? En Mateo 1:18-21 se describe el nacimiento de Jesús. Fue concebido por el Espíritu Santo, no por la unión de un hombre con una mujer. Los versículos dicen:

> *El nacimiento de Jesucristo fue así: Estando comprometida María, su madre, con José, antes que se juntasen, se halló que había concebido del Espíritu Santo. José, su marido, como era justo y no quería infamarla, quiso dejarla secretamente. Pensando él en esto, un ángel del Señor se le apareció en sueños y le*

dijo: "José, hijo de David, no temas recibir a María tu mujer, porque lo que en ella es engendrado, del Espíritu Santo es. Dará a luz un hijo, y le pondrás por nombre Jesús, porque él salvará a su pueblo de sus pecados."

De acuerdo a Su genealogía, Jesús fue descendiente de David (Mateo 1; Lucas 3:23-37). No obstante, fue concebido por el Espíritu Santo antes que María se uniera con José. Por lo tanto, no tenía la naturaleza pecaminosa de todo ser humano.

Todos nacen con el pecado original porque heredan la naturaleza pecaminosa de sus padres. En otras palabras, luego que Adán pecara transfirió su naturaleza pecaminosa a todos sus descendientes. La naturaleza pecaminosa ha sido heredada por todos los hombres hasta el día de hoy, y ese pecado es llamado "pecado original". Por esta razón, todos los descendientes de Adán son pecadores y no pueden redimir a ningún otro hombre.

Por eso, Dios Padre planeó que Su Hijo Jesús fuera concebido por el Espíritu Santo en el vientre de la Virgen María. De esta manera Jesús se hizo carne y vino a este mundo, pero no fue descendiente de Adán.

Tercero: El Redentor debe tener poder para vencer al diablo

En Levítico, 25:26-27 otra vez se nos menciona *"Cuando el hombre no tenga quien rescate, y consíguelo suficiente para el rescate, entonces contará los años desde que vendió, y pagará lo que falta al hombre a quien vendió, y volverá a su posesión."*

En resumen, un redentor debía tener el poder y la facultad para rescatar o comprar la tierra vendida.

Un hombre pobre no podría pagar la deuda de su amigo incluso si así lo deseara hacer. Igualmente, el Redentor no debía tener pecado para redimir al hombre de su pecado. En el reino espiritual, no tener pecado es sinónimo de fuerza y de poder.

El Redentor debía tener el poder suficiente para vencer a Satanás y al diablo para recuperar la autoridad perdida por Adán. Esto es, el Redentor no debía tener pecado original ni pecado propio o personal. Sólo un Redentor sin pecado puede liberar a los hombres del diablo y vencer a Satanás.

La pregunta es: Jesús ¿Tenía o no pecado? Jesús no tenía pecado original porque fue concebido por el Espíritu Santo. Obedeció la ley de Dios completamente porque creció bajo el control de sus padres quienes temían a Dios y cumplió la ley con amor. Fue circuncidado al octavo día después de su nacimiento. (Lucas 2:21). Nunca cometió pecado alguno y sólo obedeció la voluntad de Dios Padre hasta que fue crucificado a la edad de 33 años (1ª Pedro 2: 22-24; Hebreos 7:26).

Jesús pudo derrotar al diablo y pudo redimir a toda la humanidad porque no tenía pecado alguno. Su "impecabilidad" fue testimoniada a través de Sus muchas obras de poder. Echó fuera demonios, hizo que los ciegos vieran, los sordos oyeran, los cojos caminaran, y sanó todo tipo de enfermedades incurables. Hizo calmar una fuerte tormenta y detuvo el viento recio cuando reprendió al viento y dijo a las aguas, "¡Calla, enmudece!" (Marcos 4:39).

Finalmente: El Redentor debe tener amor sacrificial

Incluso un hombre rico no podría redimir la tierra si no tuviera amor por el hombre que vendió su tierra. De la misma forma, el Redentor debe amar de tal manera a los pecadores que lo lleve incluso a sacrificarse a Sí mismo para terminar definitivamente con la maldición del pecado.

En Ruth 4:1-6, vemos que Booz era muy consciente de la pobreza de Noemí y le dijo a su pariente más cercano –un redentor- para comprar la tierra de ella si deseaba hacerlo. No obstante, él rehusó, diciendo a Booz, *"No puedo redimir para mí, no sea que perjudique mi herencia. Redime tú, usando de mi derecho, porque yo no podré hacerlo"*. (v. 6) No redimió la tierra de Noemí y Ruth, aun cuando era lo suficientemente rico para hacerlo. Esto fue porque no tenía amor sacrificial. Después de todo, Booz, el pariente-redentor más cercano que seguía, redimió la tierra porque tuvo este amor sacrificial.

Booz llegó a ser el redentor legal y se casó con Ruth porque tuvo el suficiente amor para redimir la tierra de Noemí. El hijo que engendró Booz y Ruth fue el tatarabuelo del Rey David y figura en la línea familiar de Jesús.

Jesús fue crucificado en amor. Jesús era el Verbo, pero se hizo carne y vino a este mundo. No fue descendiente de Adán porque fue concebido por medio del Espíritu Santo. Por tanto, nació sin pecado original. Tuvo el suficiente poder para redimir a toda la humanidad de sus pecados porque fue sin pecado.

Sin embargo, no podía llegar a ser el Redentor sin amor espiritual y sacrificial, a pesar de haber cumplido con los otros tres requisitos. Para redimir al hombre de sus pecados Jesús tuvo que pagar la pena por sus pecados.

Se le trató como el más peligroso de los criminales y fue colgado y clavado en una cruz de madera. Fue insultado y burlado, y derramó toda la sangre y agua de Su cuerpo para salvar a todos los hombres. Pagó un precio muy alto e hizo un gran sacrificio.

No se puede encontrar en ninguna parte de la historia de la humanidad un ejemplo en el que un príncipe inocente muera por su necio y malvado pueblo. Jesús es el unigénito Hijo del todopoderoso Dios, el Rey de reyes, Señor de señores y el Señor de toda la creación. Ese grande, noble, e irreprensible Jesús fue colgado en la cruz y murió derramando Su sangre.

¡Qué inconmensurable amor tuvo por nosotros! De hecho, Jesús no sólo hizo buenas obras a lo largo de toda Su vida. Perdonó sus pecados a los pecadores, sanó a toda persona enferma, liberó a muchos endemoniados, predicó las buenas nuevas de paz, gozo y amor y dio al pueblo una genuina esperanza para alcanzar el cielo y la salvación. Pero sobre todo esto, dio Su propia vida por los pecadores.

En Romanos 5:7-8 se lee, *"Ciertamente, apenas morirá alguno por un justo; con todo, pudiera ser que alguien tuviera el valor de morir por el bueno. Pero Dios muestra su amor para con nosotros, en que siendo aún pecadores, Cristo murió por nosotros".* Dios Padre envió a Su único Hijo Jesús por nosotros, que no somos ni justos ni buenos; y permitió que fuera crucificado en una cruz y muriera. De esa manera, Dios nos demostró Su gran amor.

Espero que ahora pueda entender que no se puede ser salvo en ningún otro nombre excepto en el nombre de Jesucristo. Asimismo, es mi anhelo y mi oración en el nombre del Señor que al aceptar a Jesucristo reciba el derecho de ser hijo de Dios, que predique el evangelio a toda persona con la seguridad de su salvación y que viva siempre una vida en victoria.

Capítulo 5

¿POR QUÉ JESÚS ES NUESTRO ÚNICO SALVADOR?

- La providencia de la salvación
  a través de Jesucristo
- ¿Por qué Jesús fue crucificado
  en una cruz de madera?
- Ningún otro nombre en el mundo
  sino "Jesucristo"

"Este Jesús es la piedra rechazada por vosotros los edificadores, la cual ha venido a ser cabeza del ángulo. Y en ningún otro hay salvación, porque no hay otro nombre bajo el cielo, dado a los hombres, en que podamos ser salvos."

Hechos 4 :11-12

Usted amará a Dios con todo su corazón cuando se dé cuenta de Su insondable y cuidadosa providencia por perfeccionar, formar y cultivar al ser humano. Mas aún, admirará Su amor y sabiduría cuando se percate de la providencia de la salvación a través de Jesucristo.

Ahora bien, ¿Cómo se llevó a cabo la providencia de la salvación que había estado oculta desde antes del inicio de los tiempos por medio de Jesucristo? Anteriormente, dije que el Dios de justicia había preparado al que estaba calificado de acuerdo a la ley espiritual para redimir a toda la humanidad y que no hay ningún otro nombre bajo los cielos, sino sólo el de Jesús que reúne esos requisitos.

Jesús es el único hombre que no fue descendiente de Adán porque fue concebido por el Espíritu Santo y vino en carne al mundo. Además, tuvo el suficiente poder y el amor para redimirnos. Y así, al ser crucificado, abrió el camino de la salvación a todos los seres humanos.

Por eso, en Hechos 4:12 se lee, *"Y en ningún otro hay salvación, porque no hay otro nombre bajo el cielo, dado a los hombres, en que podamos ser salvos"*. Cualquiera que acepte y crea en Jesucristo recibe el perdón de sus pecados y es salvo. Saldrá de las tinieblas a la luz y recibirá la autoridad y las bendiciones de un hijo de Dios.

Ahora, explicaré por qué debe creer en Jesús, quien fue crucificado para que usted pudiera ser salvo y para que recibiera, asimismo, la autoridad y las bendiciones de un hijo de Dios.

La providencia de la salvación a través de Jesucristo

Dios preparó el camino de la salvación desde antes del inicio de los tiempos. El Libro de Génesis profetizó acerca de Jesús y del secreto de la salvación de la humanidad por medio de la cruz. Génesis 3:14-15 dice:

> *Y Jehová Dios dijo a la serpiente: "Por cuanto esto hiciste, maldita serás entre todas las bestias y entre todos los animales del campo. Sobre tu vientre te arrastrarás y polvo comerás todos los días de tu vida. Pondré enemistad entre ti y la mujer, y entre tu simiente y la simiente suya; ésta te herirá en la cabeza, y tú la herirás en el talón".*

Como ya se mencionó antes, espiritualmente la "serpiente" simboliza al enemigo Satanás y "polvo comerás" representa a Satanás dominando al hombre que fue hecho del polvo de la tierra. Asimismo, "mujer" indica a "Israel" y "Su simiente" se refiere a Jesucristo. La frase "la serpiente la herirá en el talón" simboliza que Jesús sería crucificado, y "la simiente de la mujer herirá la cabeza de la serpiente" implica que Jesucristo destruiría el poder de Satanás y del diablo resucitando de los muertos.

Satanás no percibió del plan de Dios

Dios había ocultado en secreto la providencia de la salvación para que Satanás no supiera de ella ni comprendiera Su sabiduría.

Satanás trató de matar a la simiente de la mujer antes que la simiente lo aplastara. Pensó que de esa manera podría mantener para siempre la autoridad que le había sido entregada por Adán, al haber desobedecido a Dios. No obstante, Satanás no sabía quién era la simiente de la mujer. Por eso, desde los tiempos del Antiguo Testamento, intentó matar a los profetas a quienes Dios enviaba.

Cuando Moisés nació, Satanás hizo que Faraón, el rey de Egipto, mandara matar a todos los niños nacidos de mujeres Hebreas (Éxodo 1:15-22). Cuando Jesús fue concebido por el Espíritu Santo y vino en carne a la tierra, Satanás hizo que el rey Herodes hiciera lo mismo.

Sin embargo, Dios ya conocía el plan de Satanás. Un ángel del Señor apareció en sueños a José y le dijo que fuera a Egipto con el bebé y la madre. Dios hizo que la familia viviera allí hasta que el rey Herodes muriera.

Dios permitió la crucifixión de Jesús

Jesús creció bajo la protección de Dios y comenzó Su Ministerio a la edad de 30 años. Recorrió toda Galilea, enseñando en las sinagogas, sanando todo tipo de enfermedades y toda clase de dolencias entre el pueblo, levantando a los muertos y predicando el evangelio a los pobres. (Mateo 4:23;11:5)

Mientras tanto, Satanás planeó una vez más matar a Jesús; pero en esta ocasión, por medio de los principales sacerdotes, los maestros de la ley y los Fariseos. No obstante, como se sabe por los registros en la Biblia, el maligno no pudo ni siquiera tocar a Jesús debido a que todo lo que acontecía en Su vida estaba dentro de la providencia de Dios.

Dios permitió que Satanás crucificara a Jesús sólo tres años después que iniciara Su Ministerio. Jesús llevó una corona de espinas y murió en la cruz sufriendo gran dolor al ser clavado en Sus manos y pies.

La crucifixión es la forma más cruel de ejecución. Satanás se alegró luego que Jesús muriera de esta forma tan cruel. Cantó de gozo por la victoria porque pensaba que continuaría reinando sobre el mundo, porque no había nadie que pudiera estorbar su dominio. Sin embargo, ya estaba dada la providencia secreta y oculta de Dios.

Satanás infringió la ley espiritual

Dios no usa Su absoluto poder soberano para ir en contra de la ley espiritual porque Él es justo. Desde antes del inicio de los tiempos, Dios estableció el camino para la salvación por medio de una ley espiritual, ya que Dios cumple y realiza todo por medio de leyes espirituales.

Como hay una ley espiritual que determina que la paga del

pecado es muerte (Romanos 6:23), ninguna persona puede morir si no ha pecado. No obstante, Satanás crucificó a Jesús que era inocente y puro (1ª Pedro 2:22-23). Al hacer esto, Satanás violó la ley espiritual y cayó en su propia trampa y Jesús se convirtió en el instrumento que Dios había planeado para la salvación de la humanidad. La simiente de la mujer aplastó e hirió su cabeza como estaba profetizado en Génesis.

Normalmente, una serpiente puede resistir aún si se le pisa o se le aplasta la cola o se le corta parte de su cuerpo, pero no puede resistir si se le aprieta fuertemente la cabeza. Por eso, la frase, "pondré enemistad entre ti y la mujer, y entre tu simiente y la simiente suya; ésta te herirá en la cabeza, y tú la herirás en el talón" significa espiritualmente que Satanás perdería su poder y autoridad por causa de Jesucristo. La serpiente golpeando o hiriendo el talón de la simiente de la mujer significa espiritualmente que Satanás crucificaría a Jesús, y esto se cumplió como fue señalado en Génesis 3:15.

La salvación por medio de la crucifixión de Jesús

El camino de la salvación que había sido velado por Dios desde antes del inicio de los siglos se completó cuando Jesús resucitó tres días después de Su crucifixión.

Aproximadamente 6 mil años atrás, Adán tuvo que entregar a Satanás la autoridad que Dios le había dado, por haber violado la ley del reino espiritual al desobedecer a Dios (Lucas 4:6). No obstante, luego de 4 mil años, Satanás fue completamente derrotado al haber infringido la misma ley espiritual.

Por eso, ha tenido que liberar a aquellos que han aceptado a Jesús como Su Salvador y han creído en Su nombre, y han recibido el derecho de ser hijos de Dios. ¿Habría crucificado Satanás a Jesús si hubiera conocido la sabiduría de Dios? Nunca. En 1ª Corintios 2:8, se nos recuerda que *"la cual ninguno de los poderosos de este mundo conoció, porque si la hubieran conocido, nunca habrían crucificado al Señor de la gloria"*.

Hoy en día, los que no entienden este hecho se preguntan, "¿Por qué el todopoderoso Dios no evitó la muerte de Su Hijo? ¿Por qué dejó que muriera en la cruz?" Sin embargo, si entendieran completamente la providencia de la cruz, sabrían por qué Jesús tuvo que ser crucificado y cómo luego de Su victoria sobre el diablo llegó a ser el Rey de reyes y Señor de señores. De este modo, todo el que cree en Jesús como su Salvador, quien murió en la cruz y que resucitó al tercer día para redimir a los hombres de sus pecados, es declarado justo y es salvo.

¿Por qué Jesús fue crucificado en una cruz de madera?

Ahora bien ¿Por qué debía ser crucificado Jesús en una cruz de madera? ¿Por qué debía ser una cruz de madera? Entre todos los métodos de ejecución existentes en esa época, Jesús murió en una cruz de madera. De acuerdo a Gálatas 3:13-14, hay tres razones espirituales por las cuales Jesús tuvo que ser crucificado en una cruz de madera.

Primero: para redimirnos de la maldición de la ley

Gálatas 3:13 dice, *"Cristo nos redimió de la maldición de la Ley, haciéndose maldición por nosotros (pues está escrito: "Maldito todo el que es colgado en un madero.")."*
Esto explica que Jesús nos redimió de la maldición de la ley al morir crucificado en una cruz de madera.

Por la desobediencia del primer hombre, Adán, todos los hombres recibieron la maldición y fueron destinados a la muerte eterna como está escrito en Romanos 6:23, *"la paga del pecado es muerte".* Sin embargo, Dios envió a Su único Hijo Jesús para salvar a la humanidad y permitió que fuese crucificado en una cruz de madera para redimirnos de la maldición de la ley (Deuteronomio 21:23).

Además, Jesús derramó Su preciosa sangre en la cruz. Observe los versículos 11 y 14 del capítulo 17 de Levíticos:

"Porque la vida de la carne en la sangre está, y yo os la he dado para hacer expiación sobre el altar por vuestras almas, pues la misma sangre es la que hace expiación por la persona." (v. 11)

"...porque la vida de toda carne es su sangre." (v. 14)

El autor de Levítico escribe que la vida está en la sangre porque toda criatura necesita sangre para vivir, sino, moriría por falta de ella.

No obstante, cuando uno muere, su cuerpo regresa al polvo y

su alma irá al cielo o al infierno. Para recibir vida eterna, uno debe ser perdonado de todos sus pecados. Para recibir el perdón de sus pecados debe haber derramamiento de sangre como se determina en Hebreos 9:22: *"Y según la Ley, casi todo es purificado con sangre; y sin derramamiento de sangre no hay remisión"*. Por esta razón, en los días del Antiguo Testamento, el pueblo tenía que ofrecer la sangre de animales cada vez que pecaba. Sin embargo, Jesús derramó Su preciosa sangre una vez y para siempre para que todos fueran perdonados y recibieran vida eterna porque no tuvo ni pecado original ni cometió pecado alguno.

Igualmente, nosotros podemos recibir vida eterna por la preciosa sangre de Jesús. Es decir, Jesús murió en lugar de nosotros y nos abrió el camino para que seamos hijos de Dios.

Segundo: Para concedernos las bendiciones de Abraham

La primera parte de Gálatas 3:14 dice, *"Para que en Cristo Jesús la bendición de Abraham alcanzara a los gentiles"*.

Esto significa que Dios concede la misma bendición que le dio a Abraham no sólo a los israelitas, sino también a todos los gntiles que son declarados justos al aceptar a Jesús como Su Salvador.

Abraham fue llamado el "Padre de la fe" y "Amigo de Dios" y fue bendecido como hijo de Dios, con salud, larga vida, riqueza y todo lo demás. La razón por la cual Abraham fue abundantemente bendecido está escrita en Génesis 22:16-18:

"Y le dijo: Por mí mismo he jurado, dice Jehová, que por cuanto has hecho esto y no me has rehusado a tu hijo, tu único hijo, de cierto te bendeciré y multiplicaré tu descendencia como las estrellas del cielo y como la arena que está a la orilla del mar; tu descendencia se adueñará de las puertas de sus enemigos. En tu simiente serán benditas todas las naciones de la tierra, por cuanto obedeciste a mi voz."

Abraham obedeció cuando Dios le dijo: *"Deja tú tierra, tu gente y tu parentela y ve a la tierra que yo te enseñaré"* (Génesis 12:1). También obedeció, sin ninguna excusa o queja, cuando Dios le dijo, *"Toma ahora a tu hijo, tu único, Isaac, a quien amas, y vete a tierra de Moriah y ofrécelo allí en holocausto sobre uno de los montes que yo te diré"* (Génesis 22:2). Esto lo hizo Abraham porque sabía que Dios podía resucitar a los muertos. (Hebreos 11:19) Abraham llegó a ser de bendición y fue el padre de la fe porque tuvo una sólida e invariable fe en Dios.

Por eso, los hijos de Dios que aceptan a Jesús como su Salvador deben tener la fe de Abraham. Entonces podrán glorificar a Dios al ser abundantemente bendecidos.

Tercero: Para otorgarnos la promesa del Espíritu.

La segunda mitad de Gálatas 3:14 dice, *"...a fin de que por la fe recibiéramos la promesa del Espíritu"*. Esto significa que todo el que cree que Jesucristo murió en la cruz por todos los seres humanos es liberado de la maldición de la ley y recibe la promesa del Espíritu Santo. Además, todo aquel que caepta a Jesús como Salvador recibe la autoridad de un hijo de Dios y al Espíritu Santo como sello y seguridad (Juan 1:12; Romanos 8:16).

Cuando recibe el Espíritu Santo, puede llamar a Dios *"Abba, Padre"* (Romanos 8:15), su nombre se escribe en el Libro de la Vida en el cielo (Lucas 10:20), y tiene la ciudadanía celestial (Filipenses 3:20). Es porque el Espíritu Santo, que es el corazón y la fuerza de Dios, lo guía a la vida eterna al ayudarlo a entender la Palabra de Dios y a vivir con y por fe de acuerdo a Su Palabra.

No obstante, uno será salvo no solamente cuando reconozca a Jesús como Su Salvador, sino también cuando crea con su corazón que destruyó la autoridad de la muerte y resucitó. Romanos 10:9 declara esto: *"Si confiesas con tu boca que Jesús es el Señor y crees en tu corazón que Dios lo levantó de entre los muertos, serás salvo"*.

Antes del inicio de los tiempos, Dios diseñó un gran plan para hacer que todos aquellos que creyeran en Jesús como su Salvador llegaran a ser uno con Dios y pudieran obtener la salvación. El plan es maravilloso y misterioso. Debido al pecado del primer hombre, los seres humanos han sido conducidos hacia la muerte eterna por la ley espiritual que determina que "La paga del pecado es muerte". No obstante, pueden ser liberados de la maldición de la ley y ser salvos por fe por la misma ley porque Satanás infringió esta ley del reino espiritual.

El ser humano ha tenido que sufrir dificultades, pasar problemas y padecer la muerte que el diablo trajo cuando se convirtió en esclavo del pecado debido a la desobediencia de Adán. Sin embargo, todo el que acepte a Jesús como Salvador y reciba el Espíritu Santo puede obtener la salvación, la vida eterna, la resurrección y sobreabundantes bendiciones.

El privilegio y la bendición de ser hijos de Dios

Todo aquel que abra su corazón y acepte a Jesucristo es perdonado, recibe el derecho de ser hijo de Dios, y disfruta de paz y gozo en su corazón. Esto es posible porque Jesús al ser crucificado llevó para siempre todos nuestros pecados. Así está escrito en el Salmo 103:12: *"Cuanto está lejos el oriente del occidente, hizo alejar de nosotros nuestras rebeliones"*. Igualmente se lee en Hebreos 10:17-18 *"añade: "Y nunca más me acordaré de sus pecados y trasgresiones", pues donde hay remisión de estos, no hay más ofrenda por el pecado"*.

No hay nada en el mundo que pueda compararse con el derecho a ser por fe hijo de Dios. En este mundo, es muy importante el hecho de ser hijo de un rey o de un presidente. ¿Cuánto más grande es entonces el derecho de los hijos de Dios el Creador, que reina sobre el mundo y gobierna la historia del ser humano y del universo?

Dios no considera como verdadera fe cuando solamente se dice, "Jesús es el Salvador". Debe entender quién es Jesucristo, por qué Jesucristo es su único Salvador, y tener una verdadera fe en base a tal conocimiento. Entonces, con esa verdadera fe podrá darse cuenta de la providencia de Dios oculta en la cruz y confesar, "Cristo es el Señor y el hijo del Dios viviente". Más aún, podrá vivir conforme a la voluntad de Dios. Sin esta verdadera fe, le será muy difícil tener la fe que proviene del corazón y asimismo le será difícil vivir de acuerdo a la Palabra de Dios. Por eso Jesús nos dijo en Mateo 7:21, *"No todo el que me dice; "¡Señor, Señor!", entrará en el reino de los cielos, sino el que hace la voluntad de mi Padre que está en los cielos".* Jesús afirmó explícitamente que sólo serán salvos los que llaman a Jesús "Señor, Señor" y viven de acuerdo a la voluntad y a la Palabra de Dios.

Ningún otro nombre en el mundo sino "Jesucristo"

En Hechos 4 se describe una escena en la cual Pedro y Juan testifican valientemente ante el Sanedrín el nombre de Jesucristo. Debido a que creían con toda sinceridad que no había otro nombre excepto el de "Jesucristo" por medio del cual el hombre pudiera alcanzar la salvación, Pedro, "lleno del Espíritu Santo", recibió poder para proclamar que *"Y en ningún otro hay salvación, porque no hay otro nombre bajo el cielo, dado a los hombres, en que podamos ser salvos".* (v. 12)

¿Cuáles son las implicaciones espirituales que hay en el nombre de "Jesucristo"?, y ¿Por qué Dios no nos ha dado otro nombre, sino el de Jesucristo, para alcanzar la salvación?

La diferencia entre "Jesús" y "Jesucristo"

En Hechos 16:31 se nos dice, *"Cree en el Señor Jesucristo, y serás salvo tú y tu casa"*. Hay una razón muy importante por la cual se lee "El Señor Jesús" y no simplemente "Jesús".

Aquí, "Jesús" se refiere al hombre que salvará a Su pueblo de sus pecados. "Cristo" es una palabra griega que significa en hebreo "Mesías". Esto es; "El ungido" (Hechos 4:27), y se refiere al Salvador que es el Mediador entre Dios y los hombres. (1ª Timoteo 2:5-6) Es decir; "Jesús" es el nombre del futuro salvador, pero "Cristo" es el nombre del Salvador que ya ha salvado a su pueblo.

En los días del Antiguo Testamento, Dios ungía a la persona que iba a ser rey, sacerdote, o profeta, derramando aceite sobre la cabeza del futuro ungido (Levítico 4:3; 1ª Samuel 10:1; 1ª Reyes 19:16). El aceite simboliza al Espíritu Santo, por lo tanto, ungir a alguien significa dar el Espíritu Santo a la persona elegida por Dios.

Jesús fue ungido como Rey, Sumo Sacerdote y como Profeta y vino a este mundo en carne para salvar a todos los seres humanos según la providencia de Dios que había sido predestinada desde antes del inicio de los siglos. Jesús fue crucificado para redimirnos, y al resucitar al tercer día se convirtió en nuestro Salvador. Por lo tanto, Él Es El Salvador que ha cumplido la providencia de la salvación de Dios. Esto es; Jesús es el Cristo.

Antes de la crucifixión de Jesús, nos referimos a Él sólo como "Jesús". No obstante, luego de la crucifixión y resurrección debe ser llamado "Jesucristo", "el Señor Jesús" o "El Señor". Debemos señalar que hay una gran diferencia en el poder entre "Jesús" y "Jesucristo". Jesús es el nombre con el que era llamado antes de cumplir con la providencia de salvación y Satanás no tiene tanto temor de este nombre. Sin embargo, el nombre "Jesucristo" implica las siguientes tres cosas: la sangre que nos redimió de nuestros pecados; la resurrección que destruyó la autoridad de la muerte; y la vida eterna. Ante este nombre, el enemigo Satanás tiembla y teme.

Mucha gente menosprecia este hecho porque no entiende esta diferencia. Sin embargo, es cierto que el obrar y la respuesta de Dios será diferente de acuerdo al nombre con el cual clame. (Hechos 3:6).

Cuando le ora a Dios en el nombre de nuestro Señor Jesucristo y mantiene este principio en su mente, vivirá una vida victoriosa plena de prontas y abundantes respuestas del todopoderoso Dios.

La obediencia total de Jesús

Aunque que Jesús era Dios en su misma naturaleza, no estimó el ser igual a Dios como cosa a que aferrarse, ni hizo prevalecer Sus derechos de Dios, sino se despojó a Sí Mismo; tomó la forma humilde de siervo y se hizo semejante a los hombres.

Un buen siervo no tiene voluntad propia. Trabaja cumpliendo la voluntad de su amo o dueño en vez de la suya. Es el deber de un siervo obedecer la voluntad de su amo sin importar si está o no de acuerdo con la suya o con sus sentimientos. Jesús obedeció la voluntad de Dios con el corazón de un buen siervo, y así pudo cumplir Su misión para salvar al ser humano.

Dios exaltó a Jesús, que obedeció la voluntad de Dios diciendo "Si" y "Amén"a todo, al más alto lugar y permitió que muchos confesaran que Jesús es el Señor.

> *"Por eso Dios también lo exaltó sobre todas las cosas y le dio un nombre que es sobre todo nombre, para que en el nombre de Jesús se doble toda rodilla de los que están en los cielos, en la tierra y debajo de la tierra; y toda lengua confiese que Jesucristo es el Señor, para gloria de Dios Padre." (Filipenses 2:9-11)*

El nombre "Señor Jesús" declara el poder de Dios

Juan 1:3 dice, *"Todas las cosas por medio de él fueron hechas, y sin él nada de lo que ha sido hecho fue hecho"*. Como todas las cosas en el mundo fueron creadas por medio de Jesús, Él tiene la autoridad para gobernar sobre todas las cosas como el Creador. Cuando Jesús, el Hijo de Dios Creador, ordenó a los elementos inanimados, como el tempestuoso viento y las olas, estos le obedecieron y se calmaron, y también una higuera se secó inmediatamente después que la maldijera.

Jesús tiene la autoridad de perdonar los pecados y de salvar a los pecadores del castigo de sus pecados. Por eso, Jesús le dijo al paralítico en Mateo 9:2, *"Ten ánimo, hijo; tus pecados te son perdonados"*. Y dijo en el versículo 6, *"Pues para que sepáis que el Hijo del hombre tiene potestad en la tierra para perdonar pecados..."*

Además, Jesús tenía el poder de sanar toda clase de enfermedades y discapacidades, y también de revivir a los muertos. En Juan 11 se describe una escena en la que un hombre muerto llamado Lázaro salió de la tumba con sus manos y pies envueltos con vendas de lino, cuando Jesús lo llamó en voz alta, *"¡Lázaro, ven fuera!"*, ya había estado muerto por cuatro días y ya tenía mal olor, pero salió de la tumba completamente sano.

Igualmente, Jesús le da todo lo que le pida con fe porque tiene el poder de Dios.

Jesucristo: El amor de Dios

Como se cita en 1ª Juan 4:10: *"En esto consiste el amor: no en que nosotros hayamos amado a Dios, sino en que él nos amó a nosotros y envió a su Hijo en propiciación por nuestros pecados"*, Dios mostró Su asombroso amor por nosotros, al enviar a Su único Hijo como sacrificio expiatorio cuando nosotros todavía éramos pecadores. Dios tuvo que soportar y sufrir un gran dolor y abrió el camino para la salvación del ser humano cuando Su Hijo Jesús fue clavado en la cruz y derramó Su sangre. ¿Cómo se sintió el Dios de amor cuando tuvo que ver crucificado a Su único Hijo Jesús? Dios no fue capaz de observar impávido esta escena sentado en Su Trono. Mateo 27:51-54 nos dice cuánto sufrió Dios cuando Jesús fue crucificado.

"Entonces, el velo del templo se rasgó en dos, de arriba, hacia abajo; la tierra tembló, las rocas se

partieron, los sepulcros se abrieron y muchos cuerpos de los santos que habían dormido, se levantaron y después que él resucitó, salieron de los sepulcros, entraron en la santa ciudad y aparecieron a muchos. El centurión y los que estaban con él custodiando a Jesús, al ver el terremoto y las cosas que habían sido hechas, llenos de miedo dijeron; "Verdaderamente éste era el Hijo de Dios".

Esto muestra claramente que Jesús fue crucificado, no por Sus pecados, sino por causa del gran amor de Dios para guiar a todos los hombres al camino de la salvación. No obstante, muchos no aceptan ni entienden este asombroso amor de Dios.

Luego de la desobediencia de Adán, los seres humanos no podían tener comunión con Dios y se convirtieron en hombres de naturaleza pecaminosa. Sin embargo, Jesús vino a este mundo y se convirtió en el Mediador entre Dios y nosotros, para que Dios pudiera darnos las bendiciones de "Emanuel" a todos los hombres (Mateo 1:23). A través del dolor y de los sufrimientos de Jesús en la cruz, nosotros obtenemos verdadera paz y descanso.

Por eso, espero que pueda entender el gran amor de Dios, quien nos dio a Su único Hijo como rescate para redimirnos de nuestros pecados y de la muerte eterna, y asimismo pueda comprender el amor sacrificial del Señor, quien a pesar de ser inocente, fue crucificado por nosotros y de esa manera abrió el camino para nuestra salvación.

Capítulo 6

La Providencia de la Cruz

- Nació en un establo
  y fue puesto en un pesebre
- La pobreza en la vida de Jesús
- Fue azotado y derramó Su sangre
- Llevó la corona de espinas
- Las vestiduras de Jesús
- Clavado en Sus manos y pies
- No quebraron Sus piernas,
  traspasaron Su costado

"Ciertamente llevó él nuestras enfermedades y sufrió nuestros dolores, ¡pero nosotros lo tuvimos por azotado, como herido y afligido por Dios! Mas él fue herido por nuestras rebeliones, molido por nuestros pecados. Por darnos la paz, cayó sobre él el castigo y por sus llagas fuimos nosotros curados. Todos nosotros nos descarriamos como ovejas, cada cual se apartó por su camino; mas Jehová cargó en él el pecado de todos nosotros."

Isaías 53 :4-6

Dentro del plan de Dios por obtener verdaderos hijos, la parte más importante fue que Jesús viniera a este mundo en carne, experimentara toda clase de sufrimientos, y muriera en la cruz. A través de todo esto, Jesús completó el camino para la salvación del ser humano.

La providencia de Dios en la cruz tiene un profundo significado espiritual. Jesús, el unigénito Hijo de Dios, abandonando su gloria celestial, nació en un establo para animales, y vivió en pobreza.

Además, fue azotado y clavado en Sus manos y pies, llevó una corona de espina y derramó Su sangre y agua al ser traspasado por una lanza en un costado de Su cuerpo.

Todos los sufrimientos que Jesús experimentó encierran el abrumador y sobrecogedor amor de Dios.

Cuando entienda totalmente el significado espiritual de la cruz y de los sufrimientos de Jesús, su corazón seguramente será conmovido por el amor de Dios y llegará a tener una verdadera fe. También recibirá respuesta a todos los problemas en su vida, como pobreza y enfermedad, y asimismo, irá el eterno reino de los cielos.

Nació en un establo
y fue puesto en un pesebre

Jesús, teniendo la misma naturaleza de Dios, es Señor de los cielos y de la tierra y el más glorioso ser. Sin embargo, vino en carne a este mundo a fin de redimir a los seres humanos del pecado y conducirlos a la salvación.

Jesús es el unigénito Hijo de Dios, el todopoderoso Creador. ¿Por qué, entonces, no nació en un lujoso palacio o al menos en una cómoda habitación? ¿No pudo Dios haberlo hecho nacer en un hermosísimo lugar? ¿Por qué hizo que Jesús naciera en un establo y fuera puesto en un pesebre?

Hay en esto un profundo significado espiritual. Debemos saber que espiritualmente Jesús nació en la forma más gloriosa. Incluso, aun cuando no se pueda ver con ojos naturales, Dios estuvo tan contento y complacido con el nacimiento de Jesús, que rodeó al niño con luces de gloria en la presencia de una gran multitud de las huestes celestiales y de ángeles. Uno puede percibir la sensación del gozo de Dios en Lucas 2:14, que registra lo siguiente: *"¡Gloria a Dios en las alturas, y en la tierra paz, buena voluntad para con los hombres!"*. Dios también dispuso algunos buenos pastores y a los magos del Oriente y los guió para que adoraran al bebé Jesús.

Toda esta alabanza y adoración tuvo lugar porque Jesús con su nacimiento iba abrir la puerta de la salvación, y una gran multitud entraría al cielo eterno como hijos de Dios; y Jesús, el Hijo de Dios, sería el Rey de reyes y Señor de señores.

La providencia de Dios oculta en el nacimiento de Jesús

Cuando Jesús nació, César Augusto emitió un decreto por el cual se debería realizar un censo en todo el Imperio Romano. El pueblo Judío estaba bajo el gobierno colonial de Roma y, atendiendo a la orden del César, cada uno regresó a su pueblo de origen para inscribirse.

También José y su prometida María subieron a Nazareth a Belén, pueblo de David, porque pertenecía al linaje de la casa de David. María era la prometida de José y concibió por el poder del Espíritu Santo un niño antes de que se dirigieran al pueblo de Belén, y dio a luz a su primogénito Jesús durante su permanencia en ese lugar.

El nombre "Belén" significa riqueza y era el pueblo natal del Rey David (1ª Samuel 16:1). En Miqueas 5:2 se menciona el pueblo de Belén de la siguiente manera: *"Pero tú, Belén Efrata, tan pequeña entre las familias de Judá, de ti ha de salir el que será Señor en Israel; sus orígenes se remontan al inicio de los tiempos, a los días de la eternidad"*. Belén fue profetizada como el lugar de nacimiento del Mesías.

En el momento de su llegada al pueblo, no había habitación para María y José en ninguna posada porque miles de personas habían ido a Belén para registrarse. Allí, María dio a luz al bebé en un establo, lo cubrió con algunos mantos y lo colocó en un pesebre, el lugar usado para alimentar a las vacas y a los caballos.

¿Por qué Jesús, quien vino como el Salvador de los seres humanos, nació en una forma tan humilde?

Para redimir al hombre que es semejante a un animal

En Eclesiastés 3:18 se lee: *"Dije también en mi corazón: 'esto es así, por causa de los hijos de los hombres, para que Dios los pruebe, y vean que ellos mismos son semejantes a las bestias'".* El hombre, al haber perdido la imagen de Dios, es semejante a un animal. El primer hombre Adán originalmente fue un espíritu viviente creado a la imagen de Dios. También fue un hombre con espíritu porque Dios le enseñó la Palabra de verdad.

No obstante, Adán comió del fruto del árbol de la ciencia del bien y del mal yendo en contra del mandamiento de Dios, por tanto su espíritu murió y ya no podía comunicarse más con Dios. Además, ya no era el señor de toda la creación. Satanás instigó a Adán a seguir su naturaleza pecaminosa, y su corazón puro y verdadero se transformó en uno impuro y falso.

Tal vez en el transcurso de su vida haya escuchado decir algunas veces la expresión "Ese hombre no es mejor que un animal". Día a día, a través de los medios de comunicación, a menudo nos enteramos de personas que viven y se comportan como animales, buscan tan sólo satisfacer sus instintos, todo lo hacen para beneficio y provecho propio; engañan y estafan sin ningún reparo a sus vecinos, clientes, amigos e incluso a su propia familia. Padres e hijos se odian, y hasta llegan al extremo de matarse el uno al otro.

Incluso, algunos se atreven a cometer hechos tan vergonzosos y malos porque el alma, al estar muerto su espíritu y al haber perdido la imagen de Dios por el pecado, ha llegado a controlar y dominar completamente la conducta y el comportamiento del hombre. Estas personas que viven como animales que sólo poseen alma y cuerpo, no pueden entrar al cielo ni pueden llamar a Dios, Abba Padre. Jesús nació en un establo para redimir al ser humano el cual sin Cristo, es como un animal.

Jesús es el verdadero alimento espiritual

Jesús fue puesto en un pesebre, un lugar para alimentar caballos, para ser el verdadero alimento espiritual del ser humano el cual, sin Cristo, es como un animal (Juan 6:51).

En otras palabras, fue la divina providencia guiar al hombre a su completa salvación permitiéndole recobrar la imagen perdida de Dios y cumplir de esa forma su rol y deber íntegro de hombre. ¿Cuál es el papel y el deber íntegro del hombre? Al respecto, Eclesiastés 12:13-14 nos proporciona la comprensión y el discernimiento necesario:

> *"El fin de todo el discurso que has oído es: Teme a Dios, y guarda sus mandamientos, porque esto es el todo del hombre. Pues Dios traerá toda obra a juicio, juntamente con toda cosa oculta, sea buena o sea mala."*

¿Qué cosa significa "temer a Dios"? Proverbios 8:13 nos dice que, *"El temor de Jehová es aborrecer el mal"*. Por tanto, temer a Dios es no continuar aceptando más el mal, y al mismo tiempo, echar fuera y desechar todo tipo de maldad del interior de nuestro corazón.

Si realmente teme a Dios, debería hacer todo su esfuerzo, incluso hasta derramar sangre, para desechar toda clase de maldad y luchar contra el pecado y así echarlo fuera de su vida. Como alumnos que estudian mucho para asegurarse un mejor futuro, así también deberá hacer su mejor esfuerzo para temer a Dios y cumplir su deber integro de hombre para gozar y disfrutar del amor y de la bendición de Dios.

En la Biblia, se pueden hallar mandamientos que Dios da a Sus hijos como "haz esto; no hagas aquello; guarda esto; echa fuera aquello". Por una parte, Dios nos dice que Sus hijos deben de "orar, amar a su prójimo, dar gracias, etc." Por otra parte, Dios nos ordena a no hacer cosas que nos conduzcan a la muerte como: odiar, adulterar, y emborracharnos.

También nos manda a obedecer ciertos mandamientos, como: guardar santo el día domingo, cumplir nuestras promesas, y cosas como estas. Dios también nos insta a desechar toda cosa dañina diciéndonos, eviten toda clase de maldad, echen fuera toda codicia, etc.

Es responsabilidad del hombre temer a Dios y guardar Sus mandamientos. En el Día del Juicio, Dios nos hará responsables por cada una de nuestras obras y por toda cosa oculta sea buena o mala. Así como cuando se vive como un animal sin cumplir el deber de un hombre, el resultado natural será el infierno.

Por esta razón, Jesús nació en un establo y fue puesto en un pesebre para redimir a los hombres quienes sin Cristo son como animales; y para convertirse en el verdadero alimento espiritual para ellos.

La pobreza en la vida de Jesús

En Juan 3:35 se lee, *"El Padre ama al Hijo y ha entregado todas las cosas en sus manos"*. Y en Colosenses 1:16 también se cita, *"Porque en él fueron creadas todas las cosas, las que hay en los cielos y las que hay en la tierra visibles e invisibles; sean tronos, sean dominios, sean principados, sean potestades; todo fue creado por medio de él y para él"*. En otras palabras, Jesús es el unigénito Hijo de Dios Creador y el Señor de los cielos y de la tierra.

¿Por qué vino, entonces, a este mundo en una condición tan humilde y vivió en pobreza aun cuando tenía la misma naturaleza del todopoderoso Dios; y de ser inmensamente rico?

Para redimir a los hombres de la pobreza

En 2ª Corintios 8:9 leemos, *"Ya conocéis la gracia de nuestro Señor Jesucristo, que por amor a vosotros se hizo pobre, siendo rico, para que vosotros con su pobreza fueseis enriquecidos"*.

La providencia del asombroso amor de Dios se manifiesta en esto: Jesús, aún cuando era Rey de reyes, Señor de señores y el unigénito Hijo de Dios el Creador, abandonó toda la gloria celestial, vino a este mundo, y vivió en pobreza soportando el desdén y el maltrato de la gente para redimir al ser humano de su pobreza.

En el principio, Dios creó al hombre para que tomara y comiera de los frutos de la tierra sin necesidad de trabajar arduamente ni de sudar para ello, y también para que disfrutara de una vida próspera sin mayor esfuerzo ni fatiga. Con todo, después que el primer hombre desobedeciera la Palabra de Dios y se corrompiera, el hombre tuvo que conseguir su alimento sólo por medio de un arduo esfuerzo y con el sudor de su frente. Debido a esto, el hombre vive frecuentemente en necesidad y en pobreza.

La pobreza en sí misma no es un pecado, por eso Jesús no derramó Su sangre para redimirnos de la pobreza. Sin embargo, la pobreza es una maldición que se ha manifestado luego que Adán desobedeciera a Dios. Por eso, Jesús al vivir en la pobreza nos ha hecho ricos.

Algunos dicen que la pobreza en la vida de Jesús significa pobreza espiritual. Sin embargo, debido a que Jesús fue concebido por medio del Espíritu Santo y es uno con Dios Padre, no es correcto pensar que fuera espiritualmente pobre.

Se debe tener en cuenta el hecho de que Jesús vivió pobremente para redimirlo de la pobreza y para que pueda vivir una vida de abundancia con acción de gracias por el amor y la gracia de Dios.

Algunos dicen que es incorrecto pedir dinero en la oración. Otros piensan que el cristiano debe vivir pobremente. Sin embargo, esta no es de ninguna manera la voluntad de Dios.

En la Biblia, podemos leer muchas promesas de bendiciones. Por ejemplo, en Deuteronomio 28:2-6 se lee que:

"Y vendrán sobre ti todas estas bendiciones, y te alcanzarán, si escuchas la voz de Jehová tu Dios.

"Bendito serás tú en la ciudad y bendito en el campo. Bendito el fruto de tu vientre, el fruto de tu tierra, el fruto de tus bestias, la cría de tus vacas y los rebaños de tus ovejas. Benditas serán tu canasta y tu artesa de amasar. Bendito serás en tu entrar y bendito en tu salir."

En 3ª Juan 1:2 se nos alienta, *"Amado, yo deseo que tú seas prosperado en todas las cosas, y que tengas salud, así como prospera tu alma"*. De hecho, hombres escogidos por Dios tales como Abraham, Isaac, Jacob, José y Daniel, todos ellos llevaron vidas muy prósperas.

Vivir una vida próspera

Dios en Su justicia hace que coseche lo que ha sembrado. Al igual que los padres desean dar a sus hijos sólo cosas buenas, nuestro amoroso Dios desea concedernos todo lo que pidamos con fe (Marcos 11:24).

Dios desea responderle y bendecirlo, pero usted no puede recibir nada si no lo pide o si lo pide sin ningún discernimiento. Por lo tanto, si trata de cosechar algo sin sembrar nada, se está burlando de Dios y está yendo contra la ley espiritual.

Algunos suelen decir, "yo deseo sembrar, pero no puedo porque soy muy pobre". No obstante, en la Biblia, se pueden encontrar muchas personas que fueron pobres pero que hicieron su mejor esfuerzo para sembrar, y como recompensa, fueron ricamente bendecidos.

En 1ª Reyes 17, encontramos que hubo tres años y medio de

escasez en la tierra. Mientras aún había sequía, una viuda en Sarepta de Sidón hizo una pequeña torta de trigo para el profeta Elías de un puñado de harina que tenía en la tinaja y con un poco de aceite que sobraba en la vasija y que era todo lo que ella poseía. Dios se agradó tanto con ella por servirle a Su Siervo que la bendijo abundantemente: la harina de la tinaja no escaseó, ni el aceite de la vasija *"disminuyó, hasta el día en que Jehová hizo llover sobre la faz de la tierra"* (1ª Reyes 17:14).

En otra ocasión, una viuda pobre puso en las ofrendas del templo dos monedas muy pequeñas, valían solamente una fracción de un centavo. No obstante, Jesús la elogió diciendo que la viuda puso más que todos los otros, esto fue debido a que ella dio de su pobreza todo lo que tenía, mientras que los otros dieron de lo que les sobraba (Marcos 12:42-44).

Lo más importante es la intención que tiene en su mente al dar todo a Dios. Dios no se fija en la cantidad o en el monto de su ofrenda, pero huele el grato aroma de amor y de fe que tiene su ofrenda, y por eso, lo bendice abundantemente.

Fue azotado y derramó Su sangre

Antes de la crucifixión, los soldados romanos se burlaron de Jesús abofeteándolo en Su rostro, escupiéndole, etc. También lo azotaron con un látigo hecho de una larga tira de cuero, con trozos de metal al final de ella.

En ese tiempo, los soldados romanos eran considerados los más rudos y fuertes, los más disciplinados y era el ejército más poderoso del mundo de ese entonces. ¿Cuánto dolor debe haber sentido el Señor cuando le arrancaron sus ropas y lo azotaron?

Cuando azotaron Su cuerpo con el látigo, Su carne fue desgarrada, Sus huesos fueron expuestos y Su sangre corrió a borbotones. Para que la profecía de Isaías se cumpliera "Di mi cuerpo a los heridores", Jesús nunca intentó evitar ninguno de los latigazos (Isaías 50:6).

Para sanar las enfermedades y dolencias

Entonces, ¿Por qué Jesús fue castigado con un látigo y por qué derramó Su sangre? ¿Por qué permitió Dios esto? Isaías 53 explica el propósito de los sufrimientos y de la aflicción de Jesús:

"Mas él fue herido por nuestras rebeliones, molido por nuestros pecados. Por darnos la paz, cayó sobre él el castigo, y por sus llagas fuimos nosotros curados. Todos nosotros nos descarriamos como ovejas, cada cual se apartó por su camino; más Jehová cargó en él el pecado de todos nosotros" (Isaías 53:5-6).

Jesús fue herido y molido por nuestras transgresiones e iniquidades. Fue castigado, azotado y se desangró para darnos paz y liberarnos de nuestras enfermedades. En Mateo 9, cuando Jesús sanó a un paralítico que yacía en su lecho, primero lo liberó del pecado, diciendo, "Tus pecados te son perdonados". Sólo entonces Jesús le dijo: "Levántate, toma tu camilla y vete a tu casa".

En Juan 5, después de que Jesús sanara a uno que había estado inválido por 38 años, le dijo, *"Mira, has sido sanado; no peques más, para que no te suceda algo peor"* (Juan 5:14).

La Biblia dice que las enfermedades vienen debido al pecado. Por eso, necesitamos a alguien que pueda perdonar el pecado para librarnos de las enfermedades. Sin embargo, sin derramamiento de sangre no puede haber perdón de pecados. (Levítico 17:11).

Por eso, durante el Antiguo Testamento, cuando alguien cometía un pecado, el sacerdote mataba un animal como sacrificio expiatorio. No obstante, después que Jesús viniera en carne a este mundo y derramara Su inmaculada, limpia, y poderosa sangre; ya no es necesario sacrificar más animales como ofrendas por su pecado. La sangre pura y santa de Jesús expió todos los pecados pasados, presentes e incluso futuros del ser humano.

Llevó todas nuestras enfermedades y dolencias

En Mateo 8:17 se lee, *"Para que se cumpliera lo dicho por el profeta Isaías: 'Él mismo tomó nuestras enfermedades y llevó nuestras dolencias'"*. En consecuencia, si sabe por qué Jesús fue flagelado y por qué derramó Su sangre, y además lo cree, no debería padecer de enfermedades ni dolencias.

En 1ª Pedro 2:24, se lee, *"por sus llagas hemos sido sanados"*. En este versículo, se usa el pretérito perfecto porque Jesús ya ha redimido al hombre de todos sus pecados.

Sin embargo, aun cuando creemos en el hecho que Jesús fue

azotado y derramó Su sangre para llevar nuestras enfermedades y dolencias, ¿Por qué algunos aún padecen enfermedades?

En Éxodo 15:26 dice: *"Si escuchas atentamente la voz de Jehová, tu Dios, y haces lo recto delante de sus ojos, das oído a sus mandamientos, y guardas todos sus estatutos, ninguna enfermedad de las que envié sobre los egipcios, te enviaré a ti, porque yo soy Jehová tu sanador"*. Esto quiere decir que si hace lo recto ante Dios, ninguna enfermedad lo afectará, porque Dios lo protegerá de esas enfermedades.

Tomemos un ejemplo. Cuando un niño regresa a casa llorando luego de haber sido golpeado por el hijo del vecino, la respuesta y actitud de sus padres frente a este incidente puede variar dependiendo de su nivel de fe.

Uno puede enseñar a su hijo de la siguiente manera: "¿Por qué siempre te están pegando? Si te pegan una vez debes devolver el golpe 2 o 3 veces". Otro padre puede ir a quejarse al padre del niño que le pegó a su hijo. Algunos otros no tratan este asunto de ninguna de las dos formas, pero pueden estar muy molestos o indignados en su corazón.

No obstante, Dios nos dice que debemos vencer el mal con el bien, amar a nuestros enemigos y buscar estar en paz con todos, diciendo, *"A cualquiera que te hiera en la mejilla derecha, vuélvele también la otra"* (Mateo 5:39).

Por lo tanto, si desea hacer lo correcto ante Dios, no le va a ser difícil guardar Sus mandamientos y estatutos. Si se mantiene en oración y se esfuerza, la gracia y el poder de Dios vendrán sobre usted y con la ayuda del Espíritu Santo fácilmente podrá superar cualquier cosa.

Si desecha todo pecado y hace lo que es correcto a los ojos de Dios, las enfermedades no vendrán sobre usted. Incluso, si alguna enfermedad lo tocara, Dios el Sanador, le perdonará sus pecados y lo sanará completamente, en el momento en que hallé lo que ha hecho mal ante Dios y se arrepienta de todo su corazón.

Aún cuando confiese con sus labios que Dios es todopoderoso, pero confía en los métodos del mundo o va a un hospital cuando enfrenta problemas o alguna dolencia, esto no le agradará a Dios porque muestra que no cree verdaderamente en el todopoderoso Dios (2ª Crónicas 16).

Llevó la corona de espinas

En realidad, la corona con la túnica real son elementos que usa un rey. Aun cuando Jesús fue el unigénito Hijo de Dios, el Rey de reyes y el Señor de señores, llevó una corona hecha de largas y duras espinas en vez de una hermosa corona de oro, plata y joyas.

> *"...Y pusieron sobre su cabeza una corona tejida de espinas, y una caña en su mano derecha; e hincando la rodilla delante de él, se burlaban, diciendo: ¡Salve, Rey de los judíos! Le escupían, y tomando la caña lo golpeaban en la cabeza." (Mateo 27:29-30)*

Los soldados romanos doblaron las espinas juntándolas de tal manera que hicieron una corona que demasiado pequeña para Jesús, y se la pusieron en Su cabeza. De esa forma, las espinas traspasaron su cabeza y frente y la sangre comenzó a correr por Su rostro. ¿Por qué el todopoderoso Dios permitió a Su unigénito Hijo llevar una corona de espinas, sufrir tan doloroso castigo y derramar Su sangre?

Primero: Jesús llevó la corona de espinas para redimirnos de los pecados cometidos con nuestros pensamientos

En el principio, cuando Dios creó al hombre, había comunión y comunicación entre ambos y el hombre obedecía la Palabra de Dios y no pecaba porque su pensamiento siempre estaba de acuerdo a la voluntad de Dios y la obedecía.

No obstante, una vez que fue tentado por la serpiente y cedió a la tentación de Satanás, pecó inmediatamente. Antes de esto nunca había pensado en comer el fruto del árbol de la ciencia del bien y del mal. Luego de ser tentado, sin embargo, lo comió porque le pareció que era bueno para comer y agradable a los ojos y también deseable para obtener sabiduría.

Igualmente, Satanás que hizo que el primer hombre, Adán y Eva desobedecieran a Dios, está obrando ahora mismo para que usted peque con sus pensamientos.

En el cerebro humano hay células responsables de la memoria. Desde que nace, lo que ha visto, oído y aprendido es puesto en las células de memoria junto con sus propios sentimientos referidos a eventos específicos, personales e información en general. Llamamos a todo esto "conocimiento". Lo que llamamos "pensamiento" es el proceso de reproducción del conocimiento almacenado por medio de su alma.

Las personas han crecido en diferentes contextos o ambientes. Lo que han visto, oído, y aprendido difiere el uno del otro, al igual que lo que graban en su cerebro.

Incluso, si lo que han visto, oído y aprendido es lo mismo, cada uno tiene sus propios sentimientos y carga emotiva, por tanto, es inevitable que cada uno tenga diferentes valores.

La Palabra de Dios a menudo no está de acuerdo con nuestro conocimiento y nuestra forma de pensar. Por ejemplo, usted puede pensar que si desea ser promocionado o exaltado, debe hacer todo lo posible por superar a los demás. Sin embargo, Dios nos enseña que todo aquél que se humilla a sí mismo será exaltado (Mateo 23:12).

La mayoría de la gente piensa que es muy natural odiar a sus enemigos, pero Dios nos dice "Ama a tu enemigo" "Si tu enemigo está hambriento, dale de comer; si está sediento, dale de beber". Los pensamientos de Dios son espirituales, pero los pensamientos del hombre son carnales. Satanás pone en usted pensamientos carnales para tentarlo, hacerlo caer en pecado y alejarlo de Dios, y así impedir que obtenga una verdadera fe. Lo lleva a seguir los deseos del mundo, y finalmente, lo conduce al pecado y a la muerte eterna.

En Mateo 16:21 y los siguientes versículos, Jesús explicó a Sus discípulos que padecería muchos sufrimientos y que moriría en la cruz y resucitaría al tercer día. Al escuchar esto, Pedro lo llevó aparte, y comenzó a reconvenirlo, diciendo, *"¡En ninguna manera esto te acontezca!"* (v.22).

No obstante, Jesús se volvió y enérgicamente le dijo: *"¡Quítate de delante de mí, Satanás! Me eres tropiezo, porque no pones la mira en las cosas de Dios, sino en la de los hombres"* (v.23). Cuando Jesús dijo: "Quítate de delante de mí, Satanás", no quiso decir que Pedro era Satanás, sino que Satanás mismo estaba obrando en el pensamiento de Pedro para impedir la obra de Dios.

Jesús tenía que llevar la cruz para salvar a la humanidad conforme a la voluntad de Dios, pero Pedro trató, con sus pensamientos carnales, de evitar que llevara a cabo la voluntad de Dios.

El Apóstol Pablo escribe en 2ª Corintios 10:3-6 lo que sigue:

"Pues aunque andamos en la carne, no militamos según la carne; porque las armas de nuestra milicia no son carnales, sino poderosas en Dios para la destrucción de fortalezas, derribando argumentos y toda altivez que se levanta contra el conocimiento de Dios, y llevando cautivo todo pensamiento a la obediencia a Cristo, y estando prontos para castigar toda desobediencia, cuando vuestra obediencia sea perfecta."

Debe derribar todo argumento y razonamiento propio que se levanta en su mente y que muy a menudo van en contra del reino de Dios. Debe llevar cautivo todo pensamiento a la obediencia a Cristo para vivir de acuerdo a la verdad, y entonces, llegaremos a ser personas de espíritu y de fe.

Debe echar fuera todo pensamiento que le dice que cuando alguien lo golpea una vez, usted debe golpearlo dos veces para no ser avergonzado. Estos son pensamientos carnales y están en contra de la verdad de Dios.

En consecuencia, debe rechazar todo pensamientos carnal que lo induzca a pecar. Para solucionar completamente este problema del pecado, debe primeramente renunciar a todo deseo pecaminoso, a la lujuria de los ojos y a la vanagloria o al orgullo de la vida. Estos son pensamientos falsos en los que Satanás se deleita.

Los deseos pecaminosos del hombre son los pensamientos que se levantan en su mente en contra de la voluntad de Dios. Gálatas 5:19-21, nos da una relación de tales deseos:

> *"Manifiestas son las obras de la carne, que son: adulterio, fornicación, inmundicia, lujuria, idolatría, hechicerías, enemistades, pleitos, celos, iras, contiendas, divisiones, herejías, envidias, homicidios, borrachera, orgías, y cosas semejantes a éstas. En cuanto a esto os advierto, como ya os lo he dicho antes, que los que practican tales cosas no heredarán el reino de Dios."*

El deseo de hacer lo que Dios le ordena abandonar, es lo que el hombre pecaminoso anhela. La lujuria de nuestros ojos quiere decir que nuestra mente llega a estar tan fuertemente influenciada por lo que ve y oye que uno empieza a seguir los deseos que se despiertan en su mente. Cuando uno ama al mundo buscando satisfacer la lujuria de los ojos, pareciera que sólo estos deseos tuvieran valor y no pueden satisfacerse con ninguna otra cosa.

Una mente arrogante se levanta en una persona cuando uno logra poseer los placeres del mundo en su búsqueda por satisfacer los deseos del hombre pecaminoso y la lujuria de sus ojos. A esto se le llama la vanagloria de la vida.

Para redimirnos de toda clase de inmoralidad, desobediencia, y maldad, Jesús llevó la corona de espinas y derramó Su sangre. Ya que sólo la inocente, pura, limpia e inmaculada sangre de Jesús podía redimirnos de nuestros pecados, al llevar una corona de espinas en Su cabeza y al derramar Su sangre Él nos redimió de todos los pecados cometidos en nuestros pensamientos.

Segundo: Jesús llevó la corona de espinas para que el hombre pudiera llevar mejores coronas en el cielo

Otra razón por la que Jesús llevó la corona de espinas fue para que nosotros pudiéramos recibir en el cielo mejores coronas. De la misma forma como lo redimió de la pobreza y le dio riquezas llevando una vida pobre, de la misma forma, llevó la corona de espinas para permitirnos obtener mejores coronas en el cielo.

Hay innumerables coronas en el cielo preparadas para los hijos de Dios. En una competencia atlética se otorgan medallas de oro, de plata o de bronce, a los ganadores de acuerdo a su posición en la competición. De la misma forma hay diferentes coronas en el cielo.

Hay una corona incorruptible conforme se describe en 1ª Corintios 9:25: *"Todo aquel que lucha, de todo se abstiene; ellos, a la verdad, para recibir una corona corruptible, pero nosotros, una incorruptible"*. Una corona incorruptible está preparada para los hijos de Dios quienes se esfuerzan por echar afuera sus pecados. La corona de gloria será asignada a quienes se despojan de sus pecados y viven de acuerdo a la Palabra de Dios y lo glorifican (1ª Pedro 5:4). La corona de vida será concedida a aquellos que aman más a Dios, le son fieles hasta la muerte y llegan a santificarse al abandonar toda clase de maldad (Santiago 1:12; Apocalipsis 2:10).

La corona de justicia se otorga a quienes como el apóstol Pablo, llegan a ser santos al desechar todos sus pecados y cumplen, además, completamente su misión de acuerdo a la voluntad de Dios (2ª Timoteo 4:8).

También se describe en Apocalipsis 4:4 que *"Alrededor del trono había veinticuatro tronos, y en los tronos vi sentado a veinticuatro ancianos vestidos de ropas blancas, con coronas de oro en sus cabezas"*.

La corona de oro está preparada para los que alcanzan el nivel de anciano y que servirán a Dios en la Nueva Jerusalén.

Aquí, "Ancianos" no se refiere a las personas a que tienen ese título en las iglesias en este mundo, sino que describe a quienes son reconocidas por Dios como ancianos debido a que son santificados y fieles en toda la casa de Dios y tienen una inconmovible e inmutable fe de oro.

Dios da diferentes coronas a Sus hijos dependiendo del grado en que han desechado el pecado y han cumplido la obra de Dios en este mundo. Los hijos de Dios serán grandes en el cielo y recibirán mejores coronas si no piensan en gratificar los deseos de la naturaleza pecaminosa y se comportan apropiadamente conforme a la Palabra de Dios (Romanos 13:14), si viven en el espíritu y controlan sus almas (Gálatas 5:16) y si cumplen fielmente sus deberes y su misión.

Por eso, Jesús lo redimió de todo pensamiento pecaminoso al llevar la corona de espinas y derramar Su sangre. ¡Que agradecido debe estar porque Él ha preparado las mejores coronas en el cielo para darle conforme a la medida de su fe y al grado en que cumplió su misión!

Por lo tanto, debe darse cuenta de lo honroso que es recibir estas coronas en el cielo. Para eso, deberá tener el corazón de su Señor desechando toda clase de maldad, cumpliendo bien su misión, y siendo fiel en toda la casa de Dios. Espero que usted pueda recibir la mejor corona en el cielo.

Las vestiduras de Jesús

Jesús, llevando la corona de espinas en Su cabeza y con todo Su cuerpo ensangrentado debido a los severos azotes que se le dieron, llegó al Gólgota, el lugar de la crucifixión. Cuando los soldados romanos crucificaron a Jesús, tomaron Sus ropas, dividiéndolas en cuatro partes, cada uno tomó una de ellas. No dividieron la túnica, sino que echaron suertes sobre ella.

"Cuando los soldados crucificaron a Jesús, tomaron

sus vestidos e hicieron cuatro partes, una para cada soldado. Tomaron también su túnica, la cual era sin costura, de un solo tejido de arriba abajo. Entonces dijeron entre sí: No la partamos, sino echemos suertes sobre ella, a ver de quién será. Esto sucedió para que se cumpliera la Escritura, que dice: "repartieron entre sí mis vestidos, y sobre mí ropa echaron suertes". Y así lo hicieron los soldados." (Juan 19:23-24)

¿Por qué la Palabra de Dios nos explica en detalle sobre las ropas y la túnica de Jesús? La historia de Israel a partir del 70 d.C. está profundamente enmarcada en la implicación espiritual de este incidente.

Desnudo y crucificado

De acuerdo a Mateo 27:22-26, después de haber sido menospreciado y despreciado haber sido objeto de las burlas de los soldados romanos, los israelitas, que no aceptaban que Jesús era el Mesías, pidieron a Poncio Pilato que lo sentenciara a morir crucificado.

Luego de llevar la corona de espinas, de haber sido objeto de diversas burlas y del menosprecio del pueblo, cargó la cruz al Gólgota y allí fue crucificado. Pilato ordenó a los soldados que colocaran arriba de su cabeza el cargo escrito en su contra, que decía, *"ESTE ES JESÚS, EL REY DE LOS JUDÍOS"* (Mateo 27:37).

La tablilla estaba escrita en Hebreo, Latín y Griego. El hebreo era el idioma tradicional de los judíos, el pueblo escogido por Dios. El latín era el idioma oficial del Imperio Romano, la nación más poderosa en esos tiempos, y el griego era el idioma que dominaba la cultura del mundo de aquel tiempo. De esa forma, el título escrito en estos tres idiomas, simbolizaba que el mundo en su totalidad reconocía a Jesús como el verdadero rey de los judíos y como Rey de reyes.

De acuerdo a Juan 19:21-22, luego de leer el título dado a Jesús en la tablilla, los principales de los judíos se quejaron ante Pilato para que no escribiera, "El Rey de los judíos" sino, "Él dijo : Soy Rey de los judíos". No obstante Pilato le respondió, "Lo que he escrito, he escrito", y no lo cambió. Esto significa que incluso Pilato reconoció a Jesús como rey de los judíos.

Así como Pilato reconoció a Jesús como Rey de los judíos, Él es también el verdadero unigénito Hijo de Dios, el Rey de reyes y el Señor de señores. No obstante, en frente de la muchedumbre que estaba observando, Jesús fue desnudado de Sus ropas y de Su túnica y fue crucificado en la cruz. De ésta forma, soportó una vergüenza que lo traspasó de dolor.

Nosotros estamos viviendo en un mundo de maldad, que nos hace olvidar nuestro rol de ser humano. Y para redimirnos de toda vergüenza, de toda suciedad, de la desobediencia, de la maldad y de la inmoralidad, Jesús el Rey de reyes fue despojado de Sus ropas y de Su túnica, y sufrió esta vergüenza en frente de la muchedumbre que lo estaba observando. Si entiende el verdadero significado espiritual de esto, sentirá un profundo agradecimiento por ello.

Dividieron las vestiduras de jJsús en cuatro partes

Los soldados romanos desnudaron a Jesús y lo crucificaron. Tomaron Sus ropas y las dividieron en cuatro partes, pero echaron suerte por Su túnica.

El sentido común nos dice que Sus ropas no podían haber sido tan costosas ni hermosas. Entonces ¿Por qué los soldados dividieron Sus ropas en cuatro partes?

¿Es que sabían, o tal vez podían presagiar, que Jesús sería venerado y reverenciado como el Mesías y deseaban conseguir al menos una prenda de Sus vestiduras para dársela a sus descendientes como un preciado tesoro familiar? No, ese no era el caso.

En el Salmo 22:18 se profetiza, *"Repartieron entre sí mis vestidos y sobre mi ropa echaron suerte"*. Dios hizo que los soldados romanos tomaran Sus ropas para que este versículo se cumpliera (Juan 19:24).

Entonces ¿Cuál es el significado e implicancia espiritual de las vestiduras de Jesús? ¿Por qué dividieron sus ropas en cuatro partes, una para cada una de los soldados? ¿Por qué no dividieron Su túnica? ¿Por qué hizo Dios que esta historia fuera escrita anticipadamente?

Debido a que Jesús es el rey de los judíos, las vestiduras de Jesús representan a la nación de Israel o al pueblo judío.

Como los soldados dividieron las vestiduras en cuatro partes, las ropas perdieron su forma. Esto implica que Israel como nación sería destruida. También indica que el nombre de Israel permanecería como permanecieron las partes de las vestiduras.

Lo escrito sobre sus ropas profetizó que el pueblo judío sería dispersado en todas direcciones como resultado de la destrucción de su nación. La historia de Israel testifica que esta profecía se cumplió.

Después de casi de cuarenta años de la muerte de Jesús en la cruz, el general romano llamado Tito destruyó Jerusalén. El templo de Dios fue destruido completamente sin que quedara piedra sobre piedra. Desde el momento en que la nación de Israel dejó de existir, los judíos fueron dispersados por todas partes, perseguidos, e incluso asesinados. Esto explica por qué el pueblo judío ha estado disperso por todo el mundo hasta el día de hoy.

En Mateo 27:23 se describe una terrible escena en la cual Pilato dice a la enardecida multitud que Jesús no tenía culpa alguna, pero la turba gritó que debía crucificar a Jesús. Por esto, Pilato tomó agua y se lavó las manos, para demostrar que no era responsable de la muerte del inocente Jesús, diciendo, *"Yo soy inocente de la sangre de este hombre y sea su sangre sobre vosotros"* (v.24). Entonces, la multitud respondió, *"su sangre sea sobre nosotros y sobre nuestros hijos"* (v.25).

Un elemento que debemos mencionar en la historia de Israel es la forma como muchos judíos y sus descendientes murieron en forma sangrienta, cumpliéndose de esta forma lo que le pidieron a Poncio Pilato. Luego de cuatro décadas de la muerte de Jesús, cerca de un millón de judíos fueron asesinados. Además, durante la Segunda Guerra Mundial, la Alemania nazi mató cerca de 6 millones de Judíos. La película "La lista Schindler", nos muestra trágicas escenas en las cuales los judío, sin distinción de sexo o edad, eran ejecutados totalmente desnudos. A cualquier criminal se le permite ponerse ropas limpias cuando es ajusticiado, pero el pueblo judío fue despojado y desnudado al ser ejecutado.

El pueblo judío no reconoció a Jesús como el Mesías, y lo desnudó y crucificó. Mientras gritaban, "su sangre sea sobre nosotros y sobre nuestros hijos", una terrible angustia se ciñó sobre el pueblo de Israel por muchos años.

La túnica de Jesús: Sin costura y de una pieza

En Juan 19:23 se describe la vestidura de Jesús: *"Tomaron también su túnica, la cual era sin costura, de un solo tejido de arriba abajo"*. En este versículo "sin costura", significa que la vestidura no estaba cosida uniendo varios pedazos de tela. La mayoría de las personas no se interesan en la forma cómo están hechas sus ropas o si están tejidas de arriba abajo o de abajo arriba. Entonces, ¿Por qué la Biblia describe tan detalladamente las vestiduras de Jesús?

La Biblia nos dice que el antepasado de los seres humanos es Adán, el antepasado de la fe es Abraham, y el antepasado de Israel es Jacob. Dios nos enseña que el antepasado de Israel no es Abraham sino Jacob porque las 12 tribus de Israel vinieron de los 12 hijos de Jacob. El fundador de la nación de Israel es Jacob, aun cuando el antepasado de la fe es Abraham.

En Génesis 35:10-11, Dios bendijo a Jacob de la siguiente forma:

Y le dijo Dios: Tu nombre es Jacob; no se llamará más tu nombre Jacob, sino Israel será tu nombre; y llamó su nombre Israel. También le dijo Dios: "Yo soy el Dios omnipotente: crece y multiplícate; una nación y conjunto de naciones procederán de ti, y reyes saldrán de tus lomos."

De acuerdo a la Palabra de Dios en estos versículos, los 12 hijos de Jacob formaron la espina dorsal de Israel; e Israel fue una nación unida hasta que se dividió en dos en los días del rey Roboam: El reino de Israel en el norte y el de Judá en el sur. Posteriormente, el reino de Israel se mezcló con los gentiles, pero Judá permaneció unido. Hoy en día el pueblo de Judá es al que se le llama judío. El hecho de que las vestiduras de Jesús fueran sin costura, tejidas de arriba abajo, en una sola pieza, significa que la nación de Israel ha mantenido hasta hoy en día su unidad e identidad como descendientes de Jacob.

Echaron suertes por la túnica de Jesús

Aquí, la túnica representa el corazón del pueblo. Dado que Jesús es el rey de Israel, Su túnica implica el corazón del pueblo judío. Los Israelitas, como pueblo escogido por Dios, a través de su antepasado de la fe "Abraham", habían adorado por sobre toda las cosas al Dios verdadero. El hecho que no se dividiera la túnica implica que el espíritu del pueblo judío que adora a Dios ha sido preservado, sin que se haya rasgado en pedazos, aun cuando la nación o el gobierno mismo de Israel fuera destruido en diversas oportunidades.

De hecho, la Biblia profetizó que los gentiles no podrían

exterminar el espíritu de los israelitas que palpita en lo profundo de sus corazones. En otras palabras, la disposición de sus corazones hacia Dios se ha mantenido firme, aun cuando la nación de Israel fuera destruida por los gentiles. Y debido a que tienen este inalterable e inmutable corazón , Dios escogió a los israelitas como Su propio pueblo y los ha usado para establecer Su reino y Su justicia.

Incluso, hoy en día los israelitas perseveran de corazón en obedecer la ley. Y esto es porque son descendientes de Jacob, quien tuvo un corazón inalterable y constante. Los israelitas sorprendieron al mundo entero al obtener su independencia el 14 de mayo de 1948, mucho tiempo después de haber perdido su país. Luego de esto, se han desarrollado rápidamente como uno de los países de más crecimiento e influencia, no sólo en la región sino también en el mundo, y han evidenciado, una vez más, su espíritu nacional y su excelencia en todo aspecto.

Así como los soldados romanos no pudieron dividir la túnica de Jesús, la cual no estaba cosida, y era de una sola pieza de arriba abajo, los gentiles no pudieron ni pueden ni podrán destruir el espíritu de adoración al Dios de los israelitas. Después de todo, el pueblo de Israel, como descendientes de Jacob, se han establecido nuevamente como país independiente y, de este modo, cumplieron la voluntad de Dios como Su pueblo escogido.

Israel al final de los tiempos profetizados en la Biblia

Tal como Dios predijo la historia de Israel a través de las

vestiduras y de la túnica de Jesús, Él también nos dio un indicio de los últimos días del mundo. Ezequiel 38:8-9 dice:

> *"De aquí a muchos días serás visitado; al cabo de años vendrás a la tierra salvada de la espada, recogida de muchos pueblos, a los montes de Israel, que siempre fueron una desolación: más fue sacada de las naciones, y todos ellos morarán confiadamente. Subirás tú y vendrás como tempestad; como nublado para cubrir la tierra serás tú y todas tus tropas, y muchos pueblos contigo."*

En este versículo, "De aquí a muchos días" es el período de tiempo desde el nacimiento de Jesús hasta Su segunda venida y, "Al cabo de los años" se refiere a los últimos años próximos al regreso de Jesús. "Los montes de Israel", indican a Jerusalén, la cual está ubicada en las montañas, aproximadamente a 790 metros sobre el nivel del mar. Por lo tanto, la palabra que en el futuro muchos judíos provenientes de diversos países se juntarán, predice que los israelitas volverán a su tierra desde todas partes del mundo cuando esté próximo el retorno de Jesús.

Esta profecía se cumplió cuando Israel fue destruida por el Imperio Romano el año 70 d.C. y obtuvo su independencia en 1948. Israel ha estado desolada hasta que obtuvo su independencia y ha crecido hasta llegar a ser uno de los países más desarrollados del mundo.

En el Nuevo Testamento también se profetiza la independencia de Israel. Jesús, en Mateo 24:32-34 nos dice lo siguiente:

"De la higuera aprended la parábola: Cuando ya su rama está tierna y brotan las hojas, sabéis que el verano está cerca. Así también vosotros, cuando veáis todas estas cosas, conoced que está cerca, a las puertas. De cierto digo que no pasará esta generación hasta que todo esto acontezca."

Esta fue la respuesta de Jesús a Sus discípulos, quienes le habían preguntado por alguna señal de Su segunda venida y del fin de los tiempos.

La higuera en estos versículos se refiere a Israel. Cuando las hojas de los árboles caen y el viento frío sopla, sabe que el invierno se acerca. De igual manera, tan pronto como las ramas de la higuera se ponen tiernas y la primavera se acaba, sabemos que el verano está cerca. Con esta parábola Jesús explicó que cuando Israel fuera restaurada, mucho tiempo después de su destrucción, esto es, cuando los israelitas obtuvieran su independencia, el regreso de Jesús estaría muy próximo.

Usted no sabe cuánto tiempo durará "esta generación", la cual Jesús menciona en el versículo, pero sí sabe que lo que dijo se cumplirá con absoluta seguridad. Ha sido ya testigo de la independencia de Israel. Por lo tanto, es muy fácil deducir que el retorno de Jesús está muy cerca.

Las señales del fin de los tiempos

En Mateo 24, cuando sus discípulos le preguntaron acerca de las señales del fin de los tiempos, Jesús se los explicó en detalle.

No obstante, no les dijo exactamente la hora ni el día, Y cita el pasaje: *"Pero del día y la hora nadie sabe, ni aún los ángeles de los cielos, sino sólo mi Padre"* (Mateo 24:36).

Esto solo quiere decir que Jesús, como el Hijo del Hombre, quien vino en carne a este mundo, no sabía la hora exacta ni el día. No significa que Jesucristo, como una de las personas de la Trinidad, no lo supiera después de Su crucifixión, resurrección y Su ascensión al cielo.

Jesús previó esto anunciando muchas cosas referidas a las señales del fin de los tiempos, *"Y por haberse multiplicado la maldad, el amor de muchos se enfriará. Pero el que persevere hasta el fin, éste será salvo"* (Mateo 24:12-13).

Hoy en día, se puede ver que la maldad se está incrementando y que el amor se está enfriando. Difícilmente se puede encontrar un corazón bondadoso. Jesús dijo, *"Este evangelio del reino será predicado en todo el mundo como testimonio a todas las naciones, y entonces vendrá el fin"* (Mateo 24:14). El evangelio ya se ha predicado hasta los confines de la tierra.

Además, vivimos en un "mundo globalizado" en el cual cada lugar o punto del globo terráqueo es accesible por vía del transporte o de la comunicación. Este fenómeno también fue predicho en Daniel 12:4: *"Pero tú, Daniel, cierra las palabras y sella el libro hasta el tiempo del fin. Muchos correrán de aquí para allá, y la ciencia aumentará"*. En este contexto el evangelio ha sido difundido y propalado rápidamente por todo el mundo.

Es cierto que aun si el evangelio se hubiera predicado en el mundo entero, pudiera haber algunas personas que no hayan aceptado a Jesús porque no han abierto sus corazones. O pudiera haber algunos remotos lugares en los cuales la semilla del evangelio aún no haya sido sembrada.

Todas las profecías del Antiguo Testamento se han cumplido; y la mayor parte de las profecías del Nuevo Testamento también se están cumpliendo. Toda la Escritura está inspirada por el Espíritu Santo. Por ello, la Palabra de Dios es correcta y no contiene error alguno. Ni la mínima letra, ni una tilde de la Palabra cambiará. Dios ha estado cumpliendo Su Palabra y Sus promesas. Y sólo algunas pocas cosas restan por realizarse, incluyendo la segunda venida de nuestro Señor Jesucristo, los 7 años de la Gran Tribulación, el Reino del Milenio, y el Juicio del Gran Trono Blanco.

Clavado en Sus manos y pies

La crucifixión era uno de los métodos más crueles de ejecución para asesinos y traidores. Los brazos eran extendidos sobre una cruz de madera. Y sólo los peores criminales eran clavados en ambas manos y pies. Y luego eran colgados en la cruz hasta que murieran, lo que sucedía luego de varias horas. Así, debían de sufrir un tremendo dolor hasta que expiraran.

Jesús, el Hijo de Dios, sólo hizo lo bueno y no cometió ninguna falta en este mundo. Entonces ¿Por qué fue clavado Jesús en ambas manos y pies desangrándose totalmente en la cruz?

El dolor al ser clavado en Sus manos y pies

Jesús fue sentenciado a muerte en la cruz y llegó al sitio de la ejecución, el Gólgota. Un soldado romano tomó un gran clavo de hierro y otro tomó un martillo empezando a clavar Sus manos y pies a la orden de un centurión. Entonces levantaron la cruz. ¿Puede usted imaginarse lo doloroso que debe haber sido esto?

Jesús, inocente porque no había cometido nada malo, tuvo que sufrir el dolor cuando los grandes clavos eran martillados en Su cuerpo y cuando Su cuerpo se caía por su peso y las partes clavadas de Su cuerpo eran desgarradas.

Cuando a uno se le decapita el dolor termina en un instante. Sin embargo, morir en la cruz era mucho más doloroso, porque una vez que se estaba colgado, el ejecutado se desangraba, y sufría de deshidratación y agotamiento hasta el momento de su muerte.

Además de esto, durante ese día de sol abrumador en el desierto, toda clase de insectos y bichos volaban alrededor del cuerpo desgarrado de Jesús para chupar la sangre que salía de Sus heridas y de Sus manos y pies clavados. A esto hay que añadir, la gente malvada que lo señalaban, se burlaban, lo maldecían, y le lanzaban insultos. Algunos incluso, lo despreciaban diciendo: *"¡Sálvate a ti mismo... Si eres Hijo de Dios, desciende de la cruz!"* (Mateo 27:39-43).

El dolor que sufrió Jesús durante Su crucifixión fue insoportable. No obstante, sabía muy bien que al llevar sobre Él los pecados y las maldiciones del ser humano muriendo en la cruz, abría el camino para la redención de la humanidad y hacía de todos ellos hijos de Dios. En cambio, su verdadero dolor vino de otra parte. Aún había algunos que no conocían la providencia de Dios o que en su maldad no habían recibido la salvación. Esto le produjo aún un mayor dolor.

Los pecados cometidos con las manos y los pies

Una vez que un pensamiento pecaminoso es concebido en el corazón, el corazón empuja a las manos y a los pies a pecar. Dado que hay una ley espiritual que determina que la paga del pecado es muerte, cuando peca va al infierno y sufre para siempre.

Por eso Jesús dice, *"Y si tu pie te es ocasión de caer, córtalo, porque mejor te es entrar en la vida cojo, que teniendo dos pies ser arrojado al infierno, al fuego que no puede ser apagado, donde el gusano de ellos no muere y el fuego nunca se apaga. Y si tu ojo te es ocasión de caer, sácalo, porque mejor te es entrar en el reino de Dios con un ojo, que teniendo dos ojos ser arrojado al infierno"* (Marcos 9:45-47).

¿Desde que ha nacido, cuántas veces ha pecado con sus manos y pies? Algunos golpean a otros. Otros roban e incluso algunos otros pierden todo a causa del juego. La gente se vuelve más violenta y con sus pies van donde no deberían de ir. En consecuencia, si tu pie te es causa de pecar, es mejor que te lo cortes y que entres al cielo, que ser arrojado al infierno con tus dos pies.

También, ¿Cuántos pecados has cometido con tus ojos? La codicia y el adulterio lo consumen cuando usted ve algo con sus ojos que no debería ver. Por eso, Jesús dijo que si sus ojos son causa de pecar, sería mejor arrancárselos y entrar al cielo, que ser arrojado al infierno luego de pecar con ellos.

Durante el Antiguo Testamento, si alguno pecaba con sus ojos se los arrancaban; si alguno pecaba con sus manos o pies, se lo cortaban; si alguno asesinaba o adulteraba, lo apedreaban hasta morir (Deuteronomio 19:19-21).

Sin el padecimiento de Jesucristo en la cruz, incluso hoy en día, si los hijos de Dios pecaran con sus manos o sus pies, deberían cortárselos. No obstante, Jesús llevó la cruz, fue clavado en Sus manos y pies y derramó Su sangre. Al hacer esto, lavó todos los pecados cometidos con sus manos y pies y ya no deberá sufrir más ni pagar el precio de sus pecados.

¡Qué grande es Su amor!

Debe tener siempre presente que si camina en la luz, como Él está en la luz, y si confiesa sus pecados y se vuelve a Él, Jesús lo purifica y lo lava de todos sus pecados (1 Juan 1:7). En consecuencia, es muy importante que llene su corazón con la verdad, a fin de llevar una vida victoriosa con un corazón agradecido y bondadoso siempre enfocado en Dios.

No quebraron Sus piernas, traspasaron Su costado

Jesús murió un viernes, un día antes del día de Reposo o Shabat de los judíos. En aquellos días, el sábado era observado como el Shabat o día de Reposo, y los judíos no permitían que en ese día los cuerpos permanecieran en las cruces.

Con tal propósito, como se lee en Juan 19:31, los judíos le pidieron a Poncio Pilato que se quebraran las piernas de los que estaban crucificados y que sus cuerpos fueran quitados. Con el consentimiento de Poncio Pilato, los soldados quebraron las piernas de los ladrones que habían sido crucificados al lado de Jesús, pero a Jesús no le quebraron las piernas, porque ya había muerto. En esos días, aquellos que eran crucificados eran considerados malditos y, por eso, los soldados les rompían las piernas. Por tanto, hay ahí una providencia divina en el hecho que no quebraron las piernas de Jesús.

¿Por qué no quebraron las piernas de Jesús?

Jesús, quien no había pecado, fue hecho maldición y crucificado en la cruz para redimir a los seres humanos de la maldición de la ley. Satanás, no podía quebrar Sus piernas, porque Jesús no murió debido a Su pecado, sino por la providencia de Dios.

Además, Dios protegió a Jesús para que Sus huesos no fueran quebrados para cumplir lo escrito en el Salmo 34:20, que cita, *"El guarda todos sus huesos, ni uno de ellos será quebrantado"*.

En Números 9:12 Dios instruye a los israelitas que no debían de quebrar ningún hueso del cordero tierno cuando lo comieran. También en Éxodo 12:46 se menciona que el pueblo podía comer la carne del cordero, pero no debía quebrar ni uno de sus huesos.

El "cordero joven o tierno" se refiere a Jesús, quien no tenía mancha y era inocente y puro. No obstante, Él mismo se ofreció como sacrificio expiatorio por los pecados del ser humano por amor a nosotros. Para que se cumpliera con la Escritura que cita "No quebrarás ni uno de los huesos del cordero," ninguno de los huesos de Jesús fue quebrado.

Su costado fue traspasado por una lanza

En Juan 19:33-34 se describe otra espantosa escena: *"Pero cuando llegaron a Jesús, como lo vieron yá muerto, no le quebraron las piernas. Pero uno de los soldados le abrió el costado con una lanza, y al instante salió sangre y agua."*

A pesar que el soldado ya sabía que Jesús estaba muerto, ¿Por qué aún así le abrió Su costado con una lanza, haciendo brotar al instante sangre y agua de Su cuerpo? Esto ilustra la maldad del hombre.

Aunque Jesús era Dios, no reclamó ni se aferró a Sus derechos de Dios. En vez de ello, se despojó a si mismo y no hizo nada. Tomó la forma humilde de un siervo y se hizo semejante a los hombres. Y haciéndose obediente se humilló aún más a sí mismo, muriendo como un criminal en la cruz. De esta manera, Jesús le abrió la puerta para su salvación (Filipenses 2:6-8).

Durante Su ministerio en la tierra, Jesús dio libertad a los cautivos y encadenados, dio provisión y alimento a los pobres y necesitados, y sanó a los enfermos y a los quebrantados. No tenía ni tiempo para comer ni dormir y daba lo mejor de Sí mismo por proclamar la Palabra de Dios para la salvación de la mayor cantidad de almas. Incluso, mientras sus discípulos dormían, Él iba al monte a orar.

Muchos judíos lo persiguieron con odio aún cuando sólo hizo el bien. Al final, por la maldad e iniquidad de ellos, crucificaron a Jesús en la cruz. Aún más, a pesar de saber que estaba muerto, un soldado romano lo traspasó con una lanza. Este mismo hecho nos dice que el hombre está acumulando maldad sobre maldad.

Dios le muestra Su inmenso amor enviando a Su único Hijo Jesucristo y haciéndolo crucificar en una cruz para redimirlo de sus pecados sin tener en cuenta la maldad del ser humano.

De Su costado brotó sangre y agua

Como ya se ha mencionado, un soldado romano en su maldad y perversidad aún sabiendo que Jesús ya estaba muerto, traspasó Su costado con una lanza. Cuando el soldado traspasó el costado de Jesús, al instante salió sangre y agua de Su cuerpo. Hay tres connotaciones en este episodio:

Primero: Muestra que Jesús vino en carne como el Hijo del Hombre. Juan 1:14, dice, *"Y el verbo se hizo carne y habitó entre nosotros"*. Dios vino en carne a este mundo y ese era Jesús.

Los pecadores no pueden ver a Dios porque si lo ven mueren. Por lo tanto, Dios no podía presentarse directamente al ser humano, por eso Jesús vino en carne a este mundo y, durante Su ministerio, manifestó muchas evidencias y pruebas para que de esa manera pudiéramos creer en Dios.

La Biblia dice que Jesús fue un hombre, precisamente como usted. En Marcos 3:20 se lee, *"Y se agolpó de nuevo la gente, de modo que ellos ni aún podían comer pan".* Mateo 8:24 nos dice: *"Y se levantó en el mar una tempestad tan grande que la olas cubrían la barca; pero él dormía".*

Algunas personas pueden preguntarse como Jesús, el Hijo de Dios, podía tener hambre o padecer dolor. No obstante, ya que Jesús tenía un cuerpo de carne, huesos y músculos, tenía que comer y dormir. También sufría el dolor de la misma manera que nosotros lo hacemos.

El hecho que la sangre y el agua brotaran de Su cuerpo, cuando fue traspasado con una lanza, es una prueba evidente de que Jesús, aun cuando era Hijo de Dios, vino en carne a este mundo.

Segundo: Esto prueba también que se puede participar de la naturaleza divina aun cuando se tiene un cuerpo físico. Dios desea que Sus hijos sean santos y perfectos como Él. Así nos dice: *"Sed santos, porque yo soy santo"* (1ª Pedro1:16) y *"Sed, pues, vosotros perfectos, como vuestro Padre que ésta en los cielos es perfecto"* (Mateo 5:48). También le anima diciéndole, *"Por medio de estas cosas nos ha dado preciosas y grandísimas promesas, para que por ellas lleguéis a ser participantes de la naturaleza divina, habiendo huido de la corrupción que hay en el mundo a causa de las pasiones"* (2ª Pedro 1:4), *"Haya, pues en vosotros este sentir que hubo también en Cristo Jesús"* (Filipenses 2:5).

Jesús vino en carne a este mundo y llegó a ser siervo conforme a la voluntad de Dios, y cumplió totalmente Su misión. También cumplió la ley con amor venciendo todas las pruebas y problemas y viviendo de acuerdo a la Palabra de Dios.

Aun cuando era hombre, como usted, voluntariamente aceptó el dolor, obedeció la voluntad de Dios con paciencia y dominio propio, y se sacrificó a sí mismo muriendo en una cruz sin resistencia ni queja alguna por amor a nosotros. ¿Cómo puede ser participe de la naturaleza divina con el mismo corazón de Jesucristo?

Debe crucificar su naturaleza pecaminosa, es decir sus pasiones y deseos, tener amor espiritual y orar intensamente para participar de la naturaleza divina teniendo la misma actitud de Jesús.

Por una parte, el amor carnal es egoísta y llega a enfriarse con el tiempo. Las personas con esta clase de amor se traicionan una a otra y sufren dolorosamente cuando no están de acuerdo. Por otra parte, Dios desea que tenga un amor que sea paciente, bondadoso y no egoísta. Así es el amor espiritual que nunca cambia y que florece día a día. Usted puede tener la actitud de Jesús en tanto posea amor espiritual y en la medida en que eche fuera toda clase de maldad por medio de la oración comprometida e intensa.

Igualmente, todos pueden recibir la gracia y el poder de Dios si buscan Su ayuda en ayuno y en ferviente oración.

Dios también obrará para que pueda desechar toda clase de maldad. Usted brillará como el sol en el reino celestial. Si posee este amor espiritual, producirá el fruto del Espíritu Santo (Gálatas 5) y recibirá las Bienaventuranzas (Mateo 5).

Tercero: La sangre y el agua que derramó Jesús es lo suficientemente poderosa para guiarlo a la verdad y a la vida eterna. La sangre y el agua que Jesús vertió es pura, limpia y sin mancha alguna, ya que no tenía pecado original ni había pecado jamás. Espiritualmente hablando, la sangre y el agua son las que resucitaron. Debido a que Jesús derramó Su santa y pura sangre, sus pecados son purificados y lavados y puede tener verdadera vida que lo lleve a la salvación y a la vida eterna.

El agua que brotó del cuerpo de Jesús simboliza el agua eterna, la Palabra de Dios. Puede ser lleno con la verdad y ser un verdadero hijo de Dios en la medida que entienda Su Palabra y eche fuera todos pecado viviendo de acuerdo a ella. Jesús, quien era inocente y no tenía culpa alguna, dejó de lado todo para darle verdadera vida llegando a derramar toda la sangre y agua de Su cuerpo, a pesar que el hombre sin Cristo no es mejor que los animales.

Espero y deseo que entienda que es salvo sin haber pagado precio alguno y que, comprendiendo esta gracia, eche fuera todo pecado orando fervientemente con fe, de tal manera que pueda vivir una vida fructífera en Cristo Jesús.

Capítulo 7

LAS ULTIMA SIETE PALABRAS DE JESÚS EN LA CRUZ

- Padre, perdónalos
- Hoy estarás conmigo en el Paraíso
- Mujer; he ahí a tu hijo;
  he ahí a tu madre
- *¡Eloi, Eloi!, ¿lama sabactani?*
- Tengo sed
- Consumado es
- Padre, en tus manos encomiendo
  mi espíritu

Jesús decía: "Padre, perdónalos porque no saben lo que hacen..."

"...entonces Jesús le dijo: "De cierto te digo que hoy estarás conmigo en el Paraíso". Cuando era como la hora sexta, hubo tinieblas sobre toda la tierra hasta la hora novena. El sol se oscureció y el velo del Templo se rasgó por la mitad. Entonces Jesús, clamando a gran voz, dijo: "Padre en tus manos encomiendo mi espíritu". Habiendo dicho esto, expiró.

Lucas 23 :34-46

La mayoría de las personas cuando están a punto de morir recuerdan sus vidas. Dicen sus últimas palabras a su familia y amigos. De la misma forma, Jesús echo carne, vino a este mundo por la providencia de Dios, y proclamó Sus últimas siete palabras en la cruz mientras exhalaba Su último aliento. Estas son llamadas "Las Siete Ultimas Palabras de Jesús en la Cruz".

Examinemos el significado espiritual de estas ultimas siete palabras de Jesús en la cruz.

Padre, perdónalos

El autor de la carta a los Filipenses describe a Jesús de la siguiente manera:

> *"Él, siendo en forma de Dios, no estimó el ser igual a Dios como cosa a que aferrarse, sino que se despojó a sí mismo, tomó la forma de siervo y se hizo semejante a los hombres. Mas aún, hallándose en la condición de hombre, se humilló a sí mismo, haciéndose obediente hasta la muerte, y muerte de cruz." (Filipenses 2:6-8)*

Jesús fue crucificado en la cruz para demostrar Su obediencia y amor a Dios y así abrir el camino para la salvación de los pecadores. Los que estaban alrededor de la cruz se burlaban de Jesús junto con los principales líderes religiosos, *"El salvó a otros, que se salve a sí mismo si él es el Cristo, el escogido"* (Lucas 23:35).

Los soldados también se burlaban de Él, ofreciéndole vinagre mezclado con vino y diciendo *"Si tú eres rey de los judíos, sálvate a ti mismo"* (v.37). Uno de los dos criminales que yacía colgado allí, también lo ridiculizaba, diciendo: *"Si tú eres el Mesías, sálvate a ti y a nosotros"* (v.39).

> *"Cuando llegaron al lugar llamado de la Calavera, lo crucificaron a él allí, y a los malhechores, uno a la derecha y otro a la izquierda. Jesús decía, "Padre, perdónalos porque no saben lo que hacen". (Lucas 23:33-34)*

Jesús, mientras expiraba, oró a Dios para que los perdonara, "Padre, perdónalos; porque no saben lo que hacen". Jesús pidió al Padre que tuviera misericordia y perdonara al pueblo que no sabía que Él, Jesús, el Hijo de Dios, estaba siendo crucificado para perdón de sus pecados. Tal vez ni siquiera se daban cuenta de que eran pecadores. Esta es Su primera palabra desde la cruz.

Jesús oró con amor por aquellos que lo crucificaban

Jesús, el Hijo de Dios, oró por aquellos que lo crucificaban sin razón, porque no tenía pecado ni culpa. ¡Que grande y profundo es Su amor! Jesús pudo fácilmente descender de la cruz y así evitar Su crucifixión, ya que es uno con el Dios omnipotente y tiene el poder de Dios Padre. No obstante, fue crucificado para cumplir el plan de salvación conforme a la voluntad de Dios. Para lo cual, tuvo que sobrellevar todos los sufrimientos y la vergüenza, orar por ellos con amor y pedir por su perdón.

Jesús oró fervientemente, "Padre, perdónalos porque ellos no saben lo que hacen". Aquí "ellos" no se refiere simplemente a aquellos que lo crucificaron y se burlaron de Él, sino también incluye a todos los seres humanos que no han recibido a Jesucristo y que continúan viviendo en las tinieblas. Al igual que los que crucificaron a Jesús, el Hijo de Dios, en la actualidad muchas personas pecan porque no conocen a Jesucristo ni conocen la verdad.

El diablo mora en las tinieblas y odia la luz, por eso crucificó a Jesús, la verdadera luz. Hoy en día, el diablo controla a las personas que viven en las tinieblas y los induce a perseguir a aquellos que andan en la luz.

¿Cómo puede reaccionar frente a aquellos que lo persiguen y que no conocen la verdad? Jesús, por medio de la primera palabra que pronuncia en la cruz, nos enseña la voluntad de Dios y la actitud que debe tener un cristiano al enfrentar este tipo de situación.

Mateo 5:44, dice, *"Pero yo os digo: amad a vuestros enemigos, bendecid a los que os maldicen, haced bien a los que os odian y orad por los que os ultrajan y os persiguen"*. Por lo tanto, debemos orar por aquellos que nos persiguen pidiendo a Dios, "Padre, perdónalos porque no saben lo que hacen. Bendícelos para que también puedan recibir al Señor y podamos encontrarnos de nuevo en el cielo".

Hoy estarás conmigo en el Paraíso

Dos criminales también fueron crucificados con Jesús en lo alto del Gólgota, "El lugar de la Calavera" (Lucas 23:33).

Uno de los malhechores lanzaba insultos a Jesús, pero el otro reprendió al primero, se arrepintió, y aceptó a Jesús como su Salvador personal. Entonces Jesús le prometió que estaría con Él en el paraíso. Esta es la segunda palabra que pronuncia Jesús en la cruz.

> *Uno de los malhechores que estaba colgado lo insultaba diciendo: "Si tú eres el Cristo, sálvate a ti mismo y a nosotros". Respondiendo el otro lo reprendió, diciendo: ¿Ni siquiera estando en la misma condenación temes tú a Dios? Nosotros a la verdad, justamente padecemos, porque recibimos lo que merecieron nuestros hechos; pero éste ningún mal hizo. Y dijo a Jesús: "Acuérdate de mí cuando vengas en tu Reino". Entonces Jesús le dijo: "De cierto te digo, que hoy estarás conmigo en el Paraíso". (Lucas 23:39-43)*

En la segunda palabra que pronuncia en la cruz, Jesús proclamó que es el Mesías, que puede perdonar a los pecadores cuando se arrepienten y darles la salvación.

Cuando lee los cuatro Evangelios, las respuestas de los dos

criminales son recopiladas de manera diferente. En Mateo 27:44, dice, *"Del mismo modo lo insultaban los ladrones que habían sido crucificado con él"*. En Marcos 15:32, se lee, *"'¡El Cristo! ¡Rey de Israel! ¡Que descienda ahora de la cruz, para que veamos y creamos!'. También los que estaban crucificados con él le injuriaban"*. En estos dos Evangelios, se deduce que ambos criminales lanzaban insultos a Jesús.

No obstante, en Lucas 23, se lee que uno de los criminales reprendió al otro y se arrepintió de sus pecados, aceptó a Jesucristo y fue salvo. Esto no quiere decir que los Evangelios no concuerdan entre sí. Por el contrario, Dios en su providencia, permitió a los escritores describir de diferente forma este mismo hecho. En la Biblia la providencia de Dios y los acontecimientos históricos están resumidos y abreviados. Si se hubieran escrito en forma detallada todas los acontecimientos y circunstancias, ni mil biblias hubieran sido suficientes para recopilarlos.

Hoy en día, si graba algo con una videocámara, lo puede ver posteriormente; pero en los tiempos de Jesús no había tales equipos, por eso, no pudieron ni siquiera tomar una fotografía aun cuando estos hechos eran muy importantes.

Sólo podían escribir estos eventos. A través de estas ligeras diferencias, se puede conocer, sentir y revivir más vívidamente una situación o circunstancia en particular.

Una descripción más clara de lo que sucedió en la crucifixión de Jesús

Cuando Jesús proclamaba el evangelio, grandes multitudes lo

seguían. Algunos querían escuchar Su mensaje, otros querían ver milagros y señales del cielo, otros deseaban alimento, e incluso habían otros que vendían sus propiedades para servirlo y seguirlo.

En Lucas 9, Jesús dio gracias por cinco panes y dos pescados. El número de los que alimentó era cerca de 5.000 hombres (Lucas 9:12-17). Imagínese cuántos más, incluyendo los que lo amaban, lo odiaban y los otros, deben haberse reunido en el lugar donde fue crucificado. La multitud rodeaba la cruz, por eso los soldados bloquearon el lugar con lanzas y escudos. Imagínense la gente gritando a Jesús y acercándose cada vez más alrededor de la cruz. La multitud lo insultaba. Incluso uno de los dos criminales que estaba colgado en uno de los lados lo injuriaba.

¿Quién habría podido escuchar lo que dijo el primer criminal? Todo esto parecía más a una riña o pelea callejera, por eso sólo las personas que estaban lo bastante cerca de Jesús pudieron haber escuchado Sus palabras. Uno de los criminales dijo algo a Jesús con una expresión malvada en su rostro. De hecho, este criminal estaba reprendiendo al criminal que había insultado a Jesús. No obstante, aquellos que se encontraban lejos al lado opuesto, fácilmente podrían haber pensado que este criminal arrepentido también estaba increpando a Jesús.

Por una parte, con tanto bullicio, los que registraron este hecho en los Evangelios de Mateo y de Marcos no pudieron escuchar claramente al criminal arrepentido y pensaron que él también estaba insultando a Jesús. Por eso escribieron que ambos criminales reprendían al Señor.

Por otra parte, el escritor del Evangelio de Lucas si escuchó claramente lo que se dijo, y así pudo saber que uno de los dos criminales no había insultado a Jesús sino que, por el contrario, se había arrepentido. Los distintos escritores se encontraban en diferentes lugares y escribieron diferentes versiones.

Dios que lo sabe y lo conoce todo, les permitió escribir de diferente manera para que las posteriores generaciones pudieran discernir claramente esta situación en particular.

Un lugar celestial para el criminal arrepentido

Jesús prometió al criminal que se arrepintió antes de morir en la cruz, "Tú estarás conmigo en el paraíso". Esto tiene un significado espiritual.

El cielo, el reino de Dios, va más allá de nuestra imaginación. Es más, Jesús nos dijo en Juan 14:2, *"En la casa de mi padre muchas moradas hay; si así no fuera, yo os lo hubiera dicho; voy pues, a preparar lugar para vosotros"*.

El salmista nos exhorta diciendo: *"Alabadlo, cielos de los cielos y las aguas que están sobre los cielos."* (Salmo148:4).

Nehemías 9:6 alaba a Dios que *"hizo los cielos, y los cielos de los cielos"*. En 2ª Corintios 12:2 se habla de *"Un hombre en Cristo que hace catorce años fue arrebatado hasta el tercer cielo"*. Apocalipsis 21:2 dice que en la Nueva Jerusalén mora el trono de Dios.

De esta manera, hay muchas moradas en el cielo. Sin embargo, no se puede vivir en cualquier lugar que uno escoja. El Dios de justicia recompensa a cada uno de acuerdo a lo que ha hecho en este mundo: En la medida en que se asemeje a su Señor y trabaje para el reino de Dios, a los tesoros que ha acumulado en el cielo, etc. (Mateo 11:12; Apocalipsis 22:12).

En Juan 3:6 se lee, *"Lo que nace de la carne, carne es; y lo que nace del Espíritu, espíritu es"*. Dependiendo del grado en que uno se despoje de la cosas carnales y se convierta en una persona espiritual, las moradas en el cielo serán divididas en grupos del mismo nivel espiritual.

Por supuesto, todo lugar en el cielo es muy hermoso porque Dios reina en él. Sin embargo, hay diferencias, incluso en el cielo. Por ejemplo, los estilos de vida, los patrones o modelos de comportamiento, distracciones, y cosas parecidas, son muy diferentes en las grandes ciudades que en los pequeños pueblos del campo. De la misma manera, la ciudad santa, la Nueva Jerusalén, es el lugar más glorioso en el cielo, donde está el trono de Dios y donde vivirán los hijos que más se asemejen a Él.

Sin embargo, el paraíso que se encuentra en la periferia del cielo, es el lugar donde está el criminal que se arrepintió justo antes de morir en la cruz. Muchos otros que han recibido su salvación en el último momento o los que no han crecido espiritualmente durante su vida cristiana, vivirán también en este lugar. Estas personas han recibido a Jesucristo, pero no han crecido para cambiar espiritualmente.

¿Por qué el criminal arrepentido entró al Paraíso?

Confesó de buen corazón que era un pecador y recibió a Jesús como Su salvador. No obstante, no se despojó de sus pecados, no vivió de acuerdo a la Palabra de Dios, ni evangelizó a otros. No trabajó para el Señor. No hizo nada para recibir ninguna recompensa celestial. Por eso entró al Paraíso, el lugar más modesto en el cielo.

Jesús desciende al Alto Sepulcro

A pesar que Jesús le prometió al criminal, "Hoy estarás conmigo en el Paraíso," esto no quiere decir que en el cielo Jesús solamente habite en el paraíso. Jesús, el Rey de reyes y Señor de señores, gobierna y mora con los hijos de Dios en todo el cielo, incluyendo el paraíso y la Nueva Jerusalén. En este sentido, Jesús vive tanto en el Paraíso como en los otros lugares en el cielo.

Cuando Jesús le dijo al criminal arrepentido, "Hoy estarás conmigo en el paraíso", "Hoy" no se refiere precisamente al día específico en el que Jesús murió en la cruz o a cualquier otro día en particular. Jesús mencionó que estaría con el criminal arrepentido donde quiera que el malhechor estuviera desde el momento en que llegó a ser hijo de Dios.

Si nos remitimos a la Biblia, Jesús no fue al Paraíso después de Su muerte. En Mateo 12:40 Jesús dice a algunos de los fariseos que por cuanto Jonás estuvo tres días y tres noches en el estómago de un gran pez, así el hijo del hombre deberá estar tres días y tres noches en el corazón de la tierra. Efesios 4:9 dice, *"Y eso de que "subió", ¿qué es, sino que también había descendido primero a las partes más bajas de la tierra?"*.

Además, en 1ª Pedro 3:19 se dice, *"En el cual también fue y predicó a los espíritus encarcelados"*. Jesús fue al Sepulcro Superior y predicó el evangelio a los espíritus encarcelados antes de resucitar tres días después. ¿Por qué era necesario esto ?

Antes que Jesús viniera a este mundo, muchas personas durante el Antiguo e incluso en el Nuevo Testamento, no habían tenido la oportunidad de escuchar el Evangelio, pero habían llevado una vida de bondad obedeciendo a Dios. ¿Esto quiere decir que todos ellos fueron al infierno porque no aceptaron a Jesús como su salvador? Dios envió a Su único Hijo a este mundo para que todo aquél que lo recibiera fuera salvo. Dios no habría comenzado el cultivo y el perfeccionamiento de la humanidad para salvar sólo a aquellos que recibieran a Jesucristo luego de Su crucifixión. Los que no tuvieron la oportunidad de oír el Evangelio, pero vivieron con una conciencia limpia, serán juzgados de acuerdo a su conciencia.

Por una parte, esas personas de buen corazón fueron al "Alto Sepulcro". Por otra parte, el "Bajo Sepulcro" es donde permanecerán las almas impías hasta el Día del Juicio. Luego de Su crucifixión, Jesús fue al Alto Sepulcro y predicó el evangelio a los espíritus que no lo habían escuchado ni lo habían conocido pero que vivieron con una conciencia limpia y eran dignos de ser salvos.

No hay otro nombre, sino el de Jesucristo, bajo los cielos dado a los hombres por medio del cual pudieran ser salvos. Por eso, Jesús fue y predicó de Sí Mismo a los espíritus encarcelados para que pudieran recibirlo y ser salvos.

La Biblia dice que los espíritus salvos antes de la crucifixión de Jesús son llevados al seno o al lado de Abraham (Lucas 16:22), pero son llevados al lado de Jesús luego de Su crucifixión.

La salvación conforme al juicio de la conciencia

Antes que Jesús viniera a este mundo para predicar el evangelio, vivieron hombres que llevaron una vida recta.

Que vivieron conforme a la rectitud de sus corazones. Esa es la ley de la conciencia. La gente buena que no hacía cosas malas incluso cuando atravesaba por problemas y enfrentaba dificultades, porque escuchaba la voz de su corazón.

En Romanos 1:20 se lee, *"...se hace claramente visible desde la creación del mundo y se puede discernir por medio de las cosas hechas, por lo tanto, no tienen excusa".*

Viendo el universo y como toda las cosas en la tierra están en armonía, las personas de buen corazón creen que hay vida eterna. Por eso, no viven de acuerdo a su naturaleza pecaminosa, y se controlan por temor a Dios para no disfrutar de los placeres del mundo.

En Romanos 2:14-15 se lee, *"Cuando los gentiles que no tenían la Ley hacían por naturaleza lo que es de la Ley, estos, aunque no tenían la Ley, son Ley para sí mismos, mostrando la obra de la Ley escrita en sus corazones, dando testimonio su conciencia y defendiéndolos sus razonamientos".*

Dios dio la ley sólo para los israelitas, no para los gentiles. Sin embargo, sería como si los gentiles estuvieran viviendo bajo la ley si viven conforme a la ley en sus corazones, sus conciencias son transformadas y practican la palabra por sí mismos. No podemos decir que los que no creen en Jesucristo no pueden ser salvos porque nunca en sus vidas escucharon el Evangelio.

Entre los que murieron sin conocer a Jesucristo, hubieron algunos que tuvieron dominio sobre sus pensamientos impuros porque tenían corazones limpios. Estas personas serán salvas de acuerdo al juicio de Dios sobre sus conciencias.

Mujer; he ahí a tu hijo; he ahí a tu madre

El Apóstol Juan escribió lo que vio y escuchó en la cruz en la que Jesús estaba siendo crucificado. Habían muchas mujeres, incluyendo a María, la madre de Jesús; Salomé, la hermana de su madre; María la mujer de Cleofás; y María Magdalena entre muchas otras. En Juan 19:26-27, Jesús dice a la afligida María, Su madre, que desde ese momento considere a Juan como su hijo; y le dice a Juan que cuide a María como si fuese su madre:

> *"Cuando vio Jesús a su madre y al discípulo a quién él amaba, que estaba presente, dijo a su madre: "Mujer, he ahí a tu hijo". Después dijo al discípulo: "He ahí tu madre". Y desde aquella hora el discípulo la recibió en su casa."*

¿Por qué Jesús llamó a María "mujer" y no "madre"?

La palabra "madre" no es pronunciada por Jesús, pero es escrita por el apóstol Juan desde su perspectiva. Entonces ¿Por qué llamó Jesús a Su propia madre, quién lo había dado a luz, "mujer"? Si recurrimos a la Biblia, comprobaremos que, en efecto, Jesús no la llamó "madre".

Por ejemplo, en Juan 2:1-11, se nos narra el primer milagro que hizo Jesús luego de iniciar Su ministerio convirtiendo el agua en vino. Este milagro ocurrió en las bodas en Caná de Galilea. Jesús y Sus discípulos también habían sido invitados a las bodas. Cuando el vino se acabó, María le dijo "No tienen vino". Ella sabía que Jesús, como Hijo de Dios, podía convertir el agua en vino. Entonces Jesús le dijo, *"¿Qué tienes conmigo mujer? Aún no ha venido mi hora"* (v.4).

Jesús respondió que el momento para manifestarse como el Mesías aún no había llegado, aun cuando María se sintiera apenada por los invitados porque no les quedaba más vino. Transformar el agua en vino tiene un significado espiritual muy particular; y quiere decir que Jesús iba a derramar Su sangre en la cruz.

Jesús declaró de sí mismo que tenía que venir a este mundo como nuestro Salvador para cumplir en la cruz el plan divino para la salvación de la humanidad. Por eso llamó a María, "mujer" y no "madre".

Además, nuestro Salvador Jesús es Dios y es el Creador.

Dios el Creador es YO SOY EL QUE SOY (Éxodo 3:14), y es el Primero y el Último (Apocalipsis 1:17, 2:8). Por lo tanto, Jesús no podía llamar madre a María y por eso la llamó "mujer".

Hoy en día, muchos hijos de Dios se refieren a María como la "santa madre" de Jesús o incluso le hacen estatuas con su supuesta imagen y la adoran. Debemos decir claramente que eso es una grave equivocación, porque María no es la madre de nuestro Salvador (Éxodo 20:4)

La ciudadanía celestial

Jesús consoló a María que estaba en gran aflicción por Su crucifixión y le dijo a Juan, el discípulo a quien amaba, que la cuidara como a su propia madre. Aun cuando Jesús sufrió un tremendo castigo y dolor en la cruz, tenía un especial cuidado e interés de lo que le sucedería a María luego de Su muerte. En este pasaje podemos sentir y apreciar su inmenso amor.

Por medio de la tercera palabra de Jesús en la cruz, nos damos cuenta que todos somos en la fe hermanos y hermanas, miembros de la familia de Dios. Consideremos Mateo 12:48-50, una escena en la que la familia de Jesús viene a verlo. Cuando se le dice a Jesús que Su mamá y Sus hermanos estaban afuera, dirigiéndose a la multitud dijo:

> *"¿Quién es mi madre y quiénes son mis hermanos?".*
> *Y extendiendo su mano hacia sus discípulos dijo: "Estos*
> *son mi madre y mis hermanos, pues todo aquel que hace*
> *la voluntad de mi Padre que está en los cielos, ése es mi*
> *hermano, mi hermana y mi madre".*

Conforme su fe vaya creciendo luego de recibir a Jesucristo, su sentido de ciudadanía en los cielos llegará a ser más claro y su amor por sus hermanos y hermanas en Cristo será mayor que su amor biológico por los miembros de su familia. Si los miembros de su familia no son hijos de Dios, su familia no podrá ser una "familia" eterna. Sus relaciones familiares terminan con la muerte. Si ellos no creen en Jesucristo o no viven conforme a la voluntad de Dios, aun cuando declaren y digan que creen en Dios, irán al infierno porque la paga del pecado es muerte (Mateo 7:21).

Luego de la muerte, su cuerpo regresa al polvo, pero usted tiene un espíritu eterno. Si Dios toma su espíritu, será sólo un cadáver que pronto se descompondrá. Dios el Creador formó al primer hombre del polvo y sopló en su nariz aliento de vida para que su espíritu fuera eterno. Es Dios quien hace nuestro espíritu inmortal y hace que la carne regrese al polvo. Por eso Dios es nuestro verdadero Padre.

En Mateo 23:9 se nos dice *"Y no llaméis padre vuestro a nadie en la tierra; porque uno es vuestro Padre, el que está en los cielos"*. Esto no quiere decir que no debe amar a los miembros de su familia que no son creyentes. Es muy importante que los ame verdaderamente, les predique el evangelio y los guíe a recibir a Jesucristo como su Señor y Salvador.

¡Eloi, Eloi!, ¿lama sabactani?

Jesús fue crucificado en la cruz a la hora tercera, y por seis horas, vino la oscuridad sobre toda la tierra hasta la hora novena cuando expiró. De acuerdo a nuestro actual horario, Jesús fue crucificado a las 9 de la mañana y tres horas después, al mediodía, toda la tierra se oscureció hasta las 3 de la tarde.

> *"Cuando vino la hora sexta, hubo tinieblas sobre toda la tierra hasta la hora novena. Y a la hora novena Jesús clamó a gran voz diciendo, "¡Eloi, Eloi!, ¿lama sabactani? (que significa: "Dios mío, Dios mío, ¿por qué me has desamparado?")." (Marcos 15:33-34)*

Seis horas más tarde, a la hora novena, Jesús clamó a Dios,

"¡Eloi, Eloi!, ¿lama sabactani?". Esta es la cuarta palabra que Jesús pronunció desde la cruz.

Jesús estaba totalmente exhausto porque había estado colgado por seis horas en la cruz, desangrándose y deshidratándose bajo el fuerte sol del desierto. Se hallaba completamente agotado. ¿Por qué clamó entonces a gran voz?

Cada una de las 7 palabras de Jesús en la cruz, tiene un profundo significado espiritual. Si éstas no se hubieran oído, no nos habrían sido útiles. Las siete palabras fueron pronunciadas con la intención que fueran escritas en la Biblia en forma muy clara para que todos pudieran comprender la voluntad de Dios.

Por eso, Jesús clamó en voz alta las siete palabras de la cruz con toda Su fuerza para que aquellos que estaban alrededor de la cruz pudieran oírlas claramente, y así, escribirlas. Algunos dicen que Jesús exclamó con rencor a Dios, porque había venido a este mundo en carne y estaba soportando un gran dolor innecesariamente. Pero esto es absolutamente falso.

¿Por qué Jesús clamó, *¡Eloi, Eloi!, Lama Sabactani?*

El propósito por el que Jesús vino a esta tierra fue para destruir las obras del diablo y abrir la puerta para nuestra salvación. Por eso, Jesús obedeció la voluntad de Dios hasta la muerte y se sacrificó a si mismo en forma total. Antes de Su crucifixión, Jesús oró muy intensamente llegando a sudar gotas de sangre que caían a tierra (Lucas 22:42-44). Llevó Su carga, teniendo pleno conocimiento del sufrimiento que debería de soportar en la cruz.

Soportó el maltrato y el padecimiento en la cruz porque sabía y conocía el plan de Dios para los seres humanos. ¿Cómo pudo entonces Jesús guardar rencor al enfrentar Su muerte? Su clamor no fue una muestra o signo de dolor o de reproche a Dios. Jesús tuvo razones para hacerlo.

Primero: Jesús deseaba proclamar al mundo que Él estaba siendo crucificado para redimir espacio del pecado.

Jesús deseaba que todos supieran que había dejado la gloria que tenía en el cielo y que había sido completamente desamparado por Dios aun siendo el unigénito Hijo de Dios. Clamó en voz alta para que todos supieran que estaba sufriendo un terrible dolor en la cruz a fin de salvar y redimir del pecado al ser humano. La Biblia muestra que Jesús acostumbraba llamar a Dios "Padre", pero en la cruz Jesús lo llamó, "Dios mío". Es porque Jesús llevó la cruz en sustitución de los pecadores y ningún pecador puede llamar a Dios "Padre."

En ese momento, Dios había desamparado a Jesús como un pecador que llevaba todos los pecados de la humanidad, y Jesús no podía atreverse a llamar a Dios "Padre". De la misma forma, se llama a Dios "Abba Padre" cuando hay un amor recíproco con Él, pero se le llama "Dios" en vez de "Padre" cuando se está alejado de Dios por haber cometido algún pecado o cuando se tiene una fe débil.

Dios desea que todos los hombres lleguen a ser Sus verdaderos hijos que puedan llamarlo confiadamente "Padre" al recibir a Jesucristo con su Salvador y caminar en la luz.

Segundo: Jesús deseaba prevenir a los que no sabían la voluntad de Dios y que aún vivían en las tinieblas.

Dios envió a Su único Hijo Jesucristo a este mundo y dejó que se burlaran de Él y que fuera crucificado por su misma creación. Jesús sabía por qué Dios iba a desampararlo en la cruz, pero la multitud que lo rucificaba no sabía la voluntad de Dios. Jesús gritó "¡Dios mío, Dios mío!, ¿Por qué me has desamparado?", para que los que ignoraban esto entendieran el amor de Dios, se arrepintieran y así pudieran escoger el camino de la salvación.

Tengo sed

En el Antiguo Testamento hay un gran número de profecías que nos detallan los sufrimientos de Jesús en la cruz. En el Salmo 69:21, dice, *"Me pusieron además hiel por comida y en mi sed me dieron a beber vinagre"*. Como está profetizado en el Salmo, cuando Jesús dijo, "Tengo sed", los que estaban a su alrededor empaparon una esponja en vinagre, pusieron la esponja en un hisopo o vara, y la acercaron a la boca de Jesús.

> *"Después de esto, sabiendo Jesús que ya todo estaba consumado, dijo, para que la Escritura se cumpliera:"¡Tengo sed!". Había allí una vasija de vinagre, entonces ellos empaparon en vinagre una esponja y poniéndola en un hisopo, se la acercaron a la boca." (Juan 19:28-29).*

Mucho antes que Jesús naciera en la ciudad de Belén, el salmista escribió lo que vio en visión: Que Jesús sería crucificado y que moriría en la cruz. Jesús dijo, "Tengo sed", para que la Escritura se cumpliese.

Pensemos el significado de la quinta palabra de Jesús en la cruz, "Tengo sed".

Jesús declara su sed espiritual

Mucha gente puede resistir el hambre pero no así la sed. Jesús estaba completamente exhausto porque había estado clavado en la cruz por seis horas y se había desangrado totalmente bajo el ardiente sol del desierto. Su sed era inimaginable.

Esto no quiere decir que Jesús no podía soportar la sed cuando dijo "Tengo sed". Él sabía que muy pronto regresaría en paz a Dios.

De hecho, su sed espiritual le causaba más dolor que la física. Este es lo que Jesús desea decir a los hijos de Dios: *"Tengo sed porque he derramado toda mi sangre. Alivien mi sed valorando y apreciando mi sangre".*

Más de dos mil años han pasado desde la muerte de Jesús en la cruz, pero aún nos dice que está sediento. Tenía sed por haberse desangrado totalmente. Él derramó Su sangre para perdón de los pecados del ser humano y para darle vida eterna.

Jesús nos dice que tiene sed para mostrarnos Su buena voluntad para salvar a las almas perdidas. Por eso, los hijos de Dios que son salvos por la sangre de Jesús tienen que, de alguna forma, resarcir Su sangre.

La forma de compensar y de retribuir Su sangre y Su sacrificio y sofocar Su sed es despertar a las personas de su ignorancia que los lleva por el camino de la muerte hacia el infierno y guiarlas al cielo.

Por eso debe estar agradecido a Jesús que derramó Su sangre por nosotros y ahora puede calmar Su sed guiando a numerosas almas por el camino de la salvación.

Consumado es

En Juan 19:30, Jesús recibió el vinagre y dijo, *"Consumado es"* e inclinó Su cabeza y entregó Su espíritu. Jesús aceptó el hisopo con la esponja. Pero no fue porque ya no podía soportar la sed. Hay un profundo significado espiritual en este hecho.

La razón por la que Jesús vino en carne a este mundo fue para ser crucificado en la cruz por los pecados de la humanidad. Por Su gran amor hacia nosotros, Jesús cumplió la ley del Antiguo Testamento y llevó los pecados y las maldiciones de todos los seres humanos. En el Antiguo Testamento, cuando alguien pecaba ofrecía a Dios como sacrificio la sangre de animales. No obstante, Jesús hizo un solo sacrificio para siempre por los pecados derramando Su sangre (Hebreos 10:11-12). Por eso, sus pecados son perdonados cuando recibe a Jesucristo porque Él ya lo ha redimido. La gracia redentora por medio de Jesucristo se refiere al vino nuevo, y Jesús bebió el vinagre para darnos el vino nuevo.

El significado espiritual de la palabra ¡consumado es!

Jesús dijo: "Consumado es" y entregó su espíritu. ¿Qué

significa esto espiritualmente? Jesús se hizo carne, vino a la tierra, predicó el evangelio, sanó toda clase de enfermedades y dolencias y abrió el camino a la salvación al tomar la cruz en lugar de todos aquellos que habían estado destinados a la muerte.

El cumplió con amor la ley del Antiguo Testamento llegando a sacrificarse a sí mismo hasta morir. Además, derrotó completamente al diablo destruyendo sus obras, esto es, completó el plan divino para la salvación del ser humano. Por eso, Jesús dijo en la cruz "consumado es".

Dios desea que sus hijos vivan de acuerdo a Su voluntad, exactamente como Su unigénito Hijo Jesús cumplió la providencia de la salvación obedeciendo al Padre llegando a sacrificar Su vida conforme a la voluntad y al plan de Dios. Por eso, primero debe reflejar el corazón de su Señor consiguiendo este amor espiritual: cultivando los nueve frutos de los frutos del Espíritu Santo (Gálatas 5:22-23) y cumpliendo las Bienaventuranzas (Mateo 5:3-10). En consecuencia, tiene que ser fiel en su servicio al Señor. Deberá guiar al mayor número de almas que pueda a los pies del Señor orando fervientemente, predicando el Evangelio y sirviendo en la Iglesia.

Espero que cada uno de ustedes, hijos preciosos de Dios, venzan al mundo con una fe firme, teniendo la esperanza del cielo y el amor por Dios, y que puedan confesar, "Consumado es" obedeciendo a Dios de la forma como lo demostró nuestro Señor Jesucristo.

Padre, en tus manos encomiendo mi espíritu

Jesús estaba totalmente exhausto al momento de proferir Sus últimas palabras en la cruz. En esa condición, Jesús clamó en voz alta, "Padre, en tus manos encomiendo mi espíritu".

"Entonces Jesús, clamando a gran voz, dijo: "Padre, en tus manos encomiendo mi espíritu". Habiendo dicho esto, expiró." (Lucas 23:46)

Se puede observar que Jesús llamó a Dios "Padre" en vez de "Dios mío". Esto nos indica que, en ese instante, Jesús había completado Su misión como sacrificio expiatorio.

Jesús encomendó Su espíritu y Su alma a dios

¿Por qué Jesús, quien vino al mundo como nuestro Salvador, encomendó Su espíritu y Su alma en las manos de Su Padre?

El hombre está compuesto por espíritu, alma y cuerpo (1ª Tesalonicenses 5:23). Cuando muere, su espíritu y su alma dejan su cuerpo. Si es hijo de Dios, ambos, espíritu y alma, regresan al lado de Dios. De otra manera, su espíritu y su alma irán al infierno (Lucas 16:19-31), su cuerpo es enterrado y regresa al polvo.

Jesús, el Hijo de Dios, se hizo carne y vino a este mundo. Al igual que nosotros, tuvo espíritu, alma y cuerpo. Al momento de ser crucificado Su cuerpo murió pero no Su espíritu ni Su alma: Él encomendó Su espíritu y Su alma en las manos de Dios.

Cuando uno muere, Dios recibe tanto su espíritu como su alma. Si Dios recibiese solamente el espíritu y no el alma, nunca se podría experimentar en el cielo la verdadera felicidad ni se podría estar agradecido de todo corazón. ¿Por qué?

Porque no recordaría las cosas que son inherentes a su alma como lágrimas, tristeza, sufrimiento y otras cosas que ha padecido en este mundo. Por eso Dios recibe tanto el espíritu como el alma.

¿Por qué entonces Jesús encomendó Su espíritu y Su alma a Dios?

Es porque Dios es el Creador, quien gobierna sobre toda cosa en el universo y cuida de su vida; y rige sobre la muerte, la maldición y la bendición. Esto quiere decir que todas las cosas le pertenecen a Dios y están bajo Su soberanía.

Dios es el único que responde sus oraciones. Por eso, Jesús mismo tuvo que orar a fin de encomendar Su espíritu y Su alma al Dios Padre (Mateo 10:29-31).

Jesús oró en voz alta

¿Por qué oró Jesús en voz alta, a pesar que estaba en medio de un gran sufrimiento, diciendo, "Padre, en tus manos encomiendo mi espíritu"?

Fue porque Jesús deseaba que la gente lo escuchara orar, y de esta forma, pudieran saber que la voluntad de Dios es que oremos clamando en voz alta. Su oración encomendando Su espíritu a Dios fue tan ferviente e intensa como Su oración en el Huerto de Getsemaní poco antes de Su arresto.

Asimismo, la oración de Jesús, "Padre, en tus manos encomiendo mi espíritu", prueba que Jesús cumplió todo conforme a la voluntad de Dios. Por eso, en ese instante pudo encomendar con toda confianza Su espíritu a Dios Padre luego de haber terminado Su misión en total obediencia a Dios.

El Apóstol Pablo declara, *"He peleado la buena batalla, he acabado la carrera, he guardado la fe. Por lo demás, me está reservada la corona de justicia, la cual me dará el Señor, juez justo, en aquel día; y no sólo a mí, sino también a todos los que aman su venida"* (2ª Timoteo 4:7-8).

Esteban, el diácono, también vivió de acuerdo a la voluntad de Dios y guardó la fe. Por eso, mientras exhalaba su último aliento, pudo orar, "Señor Jesús, recibe mi espíritu" (Hechos 7:59).

El Apóstol Pablo y Esteban no podían haber orado de esta manera si hubieran vivido vidas mundanas, buscando satisfacer los placeres provenientes de su naturaleza pecaminosa.

Igualmente, usted podrá declarar valientemente, "consumado es" y "Padre, en tus manos encomiendo mi espíritu", como lo hizo Jesús, cuando haya vivido conforme sólo a la voluntad de Dios el Padre.

¿Qué sucedió luego de la muerte de Jesús?

Jesús murió en la cruz luego de pronunciar en voz alta Sus últimas palabras. Fue a la hora novena (3 de la tarde). A pesar de que era de día, la oscuridad cubrió toda la tierra desde la hora sexta (mediodía) hasta la hora novena y el velo del templo se rasgó por la mitad. (Lucas 23:44-45).

"Entonces el velo del templo se rasgó por la mitad, de arriba abajo; la tierra tembló, las rocas se partieron, los sepulcros se abrieron y muchos cuerpos de santos que habían dormido se levantaron; y después que él resucitó, salieron de los sepulcros, entraron en la santa ciudad y aparecieron a muchos." (Mateo 27:51-53)

Hay un importante significado en esta frase, "el velo del templo se rasgó en dos, de arriba abajo". El largo velo del templo dividía el Lugar Santo del Lugar Santísimo. Nadie podía entrar al Lugar Santo excepto el sacerdote; y una vez al año sólo el sumo sacerdote podía entrar al Lugar Santísimo.

La rotura del velo del templo indica que Jesús se ofreció a sí mismo como ofrenda de paz para derribar el muro de pecado que nos separa de Dios. Antes que el velo se rasgara en dos, el sumo sacerdote había presentado la ofrenda por el pecado del pueblo y había intercedido por ellos ante Dios.

Usted puede tener una relación directa con Dios porque el muro de pecado que nos separaba de Él ha sido derribado por medio de la muerte de Jesús. Por eso, todo aquel que cree en Jesucristo puede entrar al santuario y adorar y orar a Dios sin la mediación de los sumos sacerdotes o de los profetas.

Así, el autor de Hebreos remarca, *"Así que, hermanos, tenemos libertad para entrar en el lugar Santísimo por la sangre de Jesucristo, por el camino nuevo y vivo que él nos abrió a través del velo, esto es, de su carne"* (Hebreos 10:19-20).

Además, la tierra tembló y las rocas se partieron. Todos estos hechos sobrenaturales le dicen que toda la naturaleza de este mundo fue conmovida. Fue la demostración del pesar y del dolor de Dios por la maldad del hombre. Dios declaró que se encontraba profundamente herido porque aun cuando había dado a Su único Hijo para salvarlos, el corazón del hombre aún estaba endurecido para recibir a Jesucristo como su Salvador y Señor.

Las tumbas se abrieron y los cuerpos de muchos santos que habían muerto resucitaron. Esta es la evidencia de la resurrección de todo aquel que cree en Jesús, que es perdonado y que vuelve a nacer.

Espero que llegue a comprender el significado espiritual y el amor del Señor en Sus últimas siete palabras pronunciadas en la cruz y así vivir una vida cristiana en victoria esperando anhelante el regreso del Señor como lo hacían los patriarcas de la fe.

Capítulo 8

La Fe Verdadera y la Vida Eterna

- ¡Qué profundo es este misterio!
- Las falsas confesiones, no nos conducen
  a la salvación
- La carne y la sangre del Hijo del Hombre
- El perdón sólo caminando en la luz
- Una fe con obras es una verdadera fe

"El que come mi carne y bebe mi sangre, tiene vida eterna, y yo lo resucitaré en el día postrero. Porque mi carne es verdadera comida, y mi sangre es verdadera bebida. El que come mi carne y bebe mi sangre, en mí permanece, y yo en él. Como me envió el Padre viviente, y yo vivo por el Padre, asimismo el que me come, él también vivirá por mí."

Juan 6 :54-57

El objetivo principal para creer en Jesucristo y asistir a una iglesia es ser salvo y tener vida eterna. No obstante, muchos piensan que son salvos solamente por ir los domingos a una iglesia y decir que creen en Jesucristo sin vivir conforme a la Palabra de Dios.

Por supuesto, como se dice en Gálatas 2:16, *"Sabiendo que el hombre no es justificado, por las obras de la Ley,"* usted no puede entrar al cielo o ser justificado solamente por observar exteriormente la ley, especialmente si su corazón está lleno de maldad. Si continúa practicando el pecado y no obedece la Palabra de Dios, incluso después de haberla aprendido, usted no tiene una relación personal con Jesucristo.

Por lo tanto, debe comprender que no se puede ser salvo solamente confesando con sus labios su fe. La sangre de Jesucristo lo purifica de sus pecados para salvarlo sólo cuando camina en la luz y vive en la verdad. Debe tener una verdadera fe acompañada de obras (1ª Juan 1:5-7).

Ahora, consideremos como se puede tener una verdadera fe para llegar a ser en verdad salvo y tener vida eterna como genuinos hijos de Dios.

¡Qué profundo es este misterio!

En Efesios 5:31-32 se lee, *"Por esto dejará el hombre a su padre y a su madre, y se unirá a su mujer, y los dos serán una sola carne. Grande es este misterio, pero yo me refiero a Cristo y a la Iglesia".*

Es normal que las personas cuando se casan o ya son adultas dejen a sus padres y se unan a su esposo o esposa. Entonces ¿Por qué dijo Dios que este era un profundo misterio? Si interpreta y entiende literalmente este versículo, no sabrá lo cuál es este "profundo misterio". Sin embargo, se llenará de gozo si entiende el significado espiritual que hay detrás de esto.

En este pasaje "la iglesia" se refiere a los hijos de Dios que han recibido el Espíritu Santo. Es decir, Dios compara la relación entre Jesucristo y los creyentes con la unión entre el hombre y la mujer.

La pregunta es ¿Cómo se puede dejar el mundo y estar unido a su novio Jesucristo?

Si acepta por fe a Jesucristo

Desde que el primer hombre Adán pecara desobedeciendo a Dios, el pecado entró al mundo. Todos sus descendientes llegaron a ser esclavos del pecado e hijos del diablo que gobierna este mundo.

Antes de aceptar a Jesucristo, usted pertenecía a este mundo y al diablo, el cual tiene poder sobre el mundo de las tinieblas. Esto lo confirma el pasaje en Juan 8:44, que dice: *"Vosotros sois de vuestro padre el diablo, y los deseos de vuestro padre queréis hacer"*, y en 1ª Juan 3:8 *"El que practica el pecado es del diablo".*

Por lo tanto, cuando acepta a Jesucristo como su Salvador y viene a la luz, recibe la autoridad de un hijo de Dios y se libera del pecado, porque sus pecados son perdonados por la sangre de Jesucristo.

Si por fe cree que Jesucristo lo ha redimido de sus pecados llevándolos en la cruz, Dios le da el Espíritu Santo, y hace nacer al espíritu en su corazón. El Espíritu Santo le enseña la voluntad de Dios para que se comporte y viva conforme a la verdad.

Usted llega a ser hijo de Dios guiado por el Espíritu de Dios y entonces puede clamar "Abba Padre" (Romanos 8:14-15), y hereda el reino de los cielos.

¡Qué maravilloso y misterioso es que los que una vez fueron hijos del diablo e iban por el camino de la muerte eterna, se hayan convertido en hijos de Dios y que ahora por fe vayan al cielo!

Cuando cree en Jesucristo y se hace uno solo con Él, el Espíritu Santo entra en su corazón y se une a la semilla de vida. Dios creó al primer hombre del polvo y sopló en su nariz aliento de vida. El aliento de vida es la semilla de vida; la vida misma. Por eso, no puede morir nunca y ha sido transmitida a los descendientes de generación en generación a través del espermatozoide y del óvulo del ser humano.

Esta semilla de vida está envuelta por el corazón. Luego que Dios creó a Adán, puso en su corazón el conocimiento de la vida, el conocimiento del espíritu. De la forma como un bebé recién nacido tiene que aprender el conocimiento de este mundo para llegar a ser un hombre culto y de carácter y vivir como un ser humano, un ser viviente necesita el conocimiento de la vida para llegar a ser un verdadero ser viviente, aún cuando ya tenga vida en sí mismo.

Adán, en un principio, fue lleno sólo con el conocimiento del Espíritu, es decir de la verdad. Sin embargo, luego de desobedecer a Dios, la comunicación con Dios se interrumpió. Entonces, poco a poco, comenzó a perder el conocimiento del Espíritu, y la mentira ocupó ese lugar en su corazón.

A partir de ese momento, el corazón que una vez fue lleno sólo con la verdad, se dividió en dos partes: una de verdad y otra de mentira. Por ejemplo, Adán tenía amor en su corazón, pero el diablo puso dentro de él una mentira llamada odio. Producto de ello, como puede verse en Génesis 4, Caín, que nació luego de que Adán pecó, mató a su hermano Abel por envidia y celos.

Conforme pasó el tiempo, otra parte comenzó a desarrollarse en el corazón, de Adán que se llenó de verdad y de falsedad. Esa parte es llamada "naturaleza". Por una parte, usted hereda las características y rasgos de sus padres. Por la otra, graba en su mente lo que ve, oye, y aprende conjuntamente con sus sentimientos. Estas dos, forman la "naturaleza".

Esta parte es a menudo llamada "conciencia", y se forma de manera diversa dependiendo de la clase de personas a las que conozca, el tipo de libros que lea y las circunstancias en las cuales haya sido criado. Por ejemplo, al ver un mismo suceso o persona, alguno dice "eso es malo". Mientras otros pueden decir, "eso es bueno", o "eso es correcto".

Por lo tanto, cuando uno examina su corazón debe tener en cuenta que hay una parte de verdad, que pertenece a Dios, una parte de mentira o de falsedad, que ha sido puesta por Satanás, y otra que corresponde a nuestra naturaleza formada como resultado de esas dos partes.

El Espíritu Santo unido con la semilla de vida en el corazón

En el caso de Adán, estas tres partes envolvían la semilla de vida que Dios le había puesto en el corazón. Es en este contexto, cuando la Palabra de Dios "de cierto morirás", se llegó a cumplir luego que Adán comiera del árbol del conocimiento del bien y del mal. Incluso, aún cuando la semilla de vida exista, si no funciona, es como si estuviera muerta.

Por ejemplo, cuando se siembra en un campo, no todas las semillas brotan o germinan porque alguna de ellas están ya muertas. No obstante, si las semillas están vivas, de seguro germinarán.

Lo mismo sucede con los seres humanos. Si la semilla de vida que Dios le ha dado estuviera completamente muerta, y no pudiera revivir, Dios no hubiera tenido necesidad de enviar a Jesucristo para salvar a los seres humanos ni hubiera creado el cielo ni el infierno.

Sin embargo, la semilla de vida plantada en el hombre cuando Dios le sopló aliento de vida es eterna. Cuando recibe el Evangelio, la semilla de vida vuelve a vivir; mientras más amplia sea la porción de verdad en su corazón, más fácilmente aceptara el evangelio. Todo aquel que escuche el mensaje de la cruz y acepte a Jesucristo, recibe el Espíritu Santo. En ese momento, la semilla de vida que está en su corazón se une con el Espíritu Santo y vuelve a nacer.

Por otra parte, las personas con una conciencia cauterizada, no dan oportunidad para que entre el evangelio, porque su corazón está completamente envuelto por la mentira y la falsedad; y oculta la semilla de vida en sus corazones.

La semilla de vida que ha estado como el grano muerto tiene poder para cumplir su función cuando se combina con el gran poder de Dios, el Espíritu Santo.

Para ser un hombre espiritual

En la medida en que asista a los cultos de adoración en la iglesia, comprenderá la Palabra de Dios, y dedicará más tiempo a la oración; y la gracia y la fuerza del poder de Dios vendrán sobre usted y lo capacitarán para vivir conforme al Espíritu Santo.

A través de este proceso, su corazón y su espíritu llegan a ser uno, transformándose más y más a la verdad, removiendo lo falso y reemplazándolo con la verdad. Si el corazón de uno está completamente saturado con el conocimiento del Espíritu y de la verdad, el corazón se convierte en un corazón espiritual, como el que tuvo en el principio Adán.

Si no dedica tiempo a la oración, usted aparentará ser leal o fiel, y sin embargo actuará de acuerdo a su propia naturaleza. El Espíritu Santo no podrá hacer nacer el espíritu en su interior y será todavía un hombre carnal. Mas aún, no podrá andar según el espíritu si no derriba sus propios pensamientos y argumentos, aun cuando que ore diligentemente o por mucho tiempo. Por lo tanto, no podrá ser transformado en un hombre espiritual.

El Espíritu Santo capacita su corazón a pensar conforme a la verdad. Esto es, a vivir siguiendo los deseos del Espíritu Santo. Satanás también opera de la misma manera para guiarlo por el camino de la destrucción, tentándolo a seguir sus pensamientos carnales en la medida en que aún tenga falsedad y mentira en su corazón.

Por lo tanto, debe desechar todos pensamiento carnal y toda arrogancia, como se lee en 2ª Corintios 10:5; *"Derribando argumentos y toda altivez que se levanta contra el conocimiento de Dios, y llevando cautivo todo pensamiento a la obediencia a Cristo"*.

Cuando obedece la Palabra de Dios, diciendo, "sí" y sigue los deseos del Espíritu Santo, su corazón se llenará sólo de la verdad, y entonces llegará a ser un hombre espiritual perfectamente santificado.

Podrá recibir todo lo que pida

Se vuelve uno con el Señor cuando echa fuera toda falsedad y mentira, cuando rompe con todo tipo de auto justificación propia, volviendo a nacer en el espíritu por el Espíritu Santo, y haciendo que su corazón sea tan limpio como el corazón del Señor Jesucristo.

Un hombre y una mujer llegan a ser una sola carne y engendran un bebé por la unión del espermatozoide y el óvulo.

Igualmente, cuando deja el mundo y se vuelve uno con Jesucristo, aceptándolo como su novio, usted nacerá en el espíritu por el Espíritu Santo y recibirá abundantes bendiciones por ser un hijo de Dios.

Como se declara en Romanos 12:3, hay medidas de fe, y recibirá respuestas a sus peticiones de acuerdo a estas medidas.

En 1ª Juan 2:12 y los versículos subsiguientes, el crecimiento de la fe es comparado con el proceso de crecimiento de los seres humanos.

Aquellos que aceptan a Jesucristo, son salvos y reciben el Espíritu Santo, tienen la fe de un bebe (1ª Juan 2:12). Los que tratan de vivir de acuerdo a la verdad de la Palabra tienen la fe de un niño (1ª Juan 2:13). Cuando crecen de este nivel y, efectivamente, aplican la verdad y la ponen en práctica, tiene la fe de un joven (1ª Juan 2:13). Si crecen aún más, tendrán la fe de un padre (1ª Juan 2:13).

Al leer de Job en el Antiguo testamento Job, vemos que Dios reconoció que era un hombre recto e irreprochable, pero cuando Satanás lo desafió, Dios le permitió que lo probara.

Primero, Job insistió en su rectitud. No obstante, pronto se dio cuenta de su maldad y cuando la maldad en su naturaleza fue expuesta por la prueba, se arrepintió frente a Dios. La arrogancia de Job se derribó y a los ojos de Dios su corazón llegó a ser justo y puro. Sólo entonces Dios pudo bendecirlo más abundantemente aumentando al doble de todo lo que antes poseía.

De la misma manera, si alcanza la medida de fe de un padre, que es el nivel de fe más alto al derribar su propia altivez y llega a ser uno con el Señor, podrá recibir sobreabundantes bendiciones como hijo de Dios. Esto es lo que Dios le ha prometido en 1ª Juan 3:21-22: *"Amados, si nuestro corazón no nos reprende, confianza tenemos en Dios; y cualquiera cosa que pidamos la recibiremos de él, porque guardamos sus mandamientos y hacemos las cosas que son agradables delante de él".*

Podrá disfrutar de las bendiciones de un hijo de Dios

De esta manera, llega a ser uno con Jesucristo en la medida en que alcanza el nivel espiritual. También recibe la bendición de ser uno con Dios en la magnitud en la que cumpla con la justicia de Dios.

Jesús le prometió en Juan 15:7, *"Si permanecéis en mi, y mis palabras permanecen en vosotros, pedid todo lo que queráis, y os será hecho".* También en Juan 17:21, se cita, *"Para que todos sean uno; como tú, oh Padre, en mí, y yo en ti, que también ellos sean uno en nosotros; para que el mundo crea que tú me enviaste".*

Igualmente, si está unido al Señor, y no es parte de este mundo gobernado por el poder de las tinieblas del diablo, será uno con Dios Padre.

Sobre esto, Gálatas 4:4-7 dice lo siguiente:

"Pero cuando vino el cumplimiento del tiempo, Dios envió a su Hijo, nacido de mujer y nacido bajo la Ley, para redimir a los que estaban bajo la Ley, a fin de que recibiéramos la adopción de hijos. Y por cuanto sois

hijos, Dios envió a vuestros corazones el Espíritu de Su Hijo, el cual clama "¡Abba-Padre!". Así que ya no eres esclavo, sino hijo; y si hijo, también heredero de Dios por medio de Cristo."

De la manera como las personas heredan propiedades de sus padres, así se hereda el Reino de Dios cuando se llega a ser Su hijo aceptando a Jesucristo. Es decir, los hijos del diablo heredan el infierno del diablo, y los hijos de Dios heredan el cielo de Dios.

No obstante, debe tener en cuenta que los que no nacen en el espíritu por el Espíritu Santo deberán ir al infierno porque el cielo es un lugar puro, lleno sólo de la verdad; y, en la medida en que su espíritu sea íntegro y llegue a ser uno con Dios, alcanzará la gloria de vivir más cerca de Dios en el cielo.

Por lo tanto, espero que pueda recibir la bendición de la vida eterna aceptando a Jesucristo como su novio y llegando a ser uno con el Señor Jesús y con Dios Padre, echando fuera toda mentira y altivez. De esta manera, podrá glorificar a Dios.

Las falsas confesiones, no nos conducen a la salvación

Cuando está unido por fe a Jesucristo, Él será su verdadero novio, que lo guiará por el camino de la vida eterna y de la bendición. Si se asemeja al corazón de su Jesucristo y alcanza una fe perfecta, no sólo heredará el reino de los cielos, sino que también resplandecerá como el sol en los cielos.

Cuando lee cuidadosamente la Biblia, encontrará que algunos que declaraban creer en Dios no fueron salvos.

En Mateo 25, tenemos la parábola de las 10 vírgenes. Cinco vírgenes sabias que se habían provisto del aceite fueron salvas, pero las otras cinco vírgenes imprudentes no pudieron ser salvas.

Del mismo modo, aun cuando todos afirman tener fe, Dios claramente nos dice en la Biblia quiénes pueden y quiénes no pueden ser salvos. De esta forma, podrá saber sin duda alguna cómo debe vivir a fin de ser salvo.

Claramente se nos dice en Mateo 7:21, *"No todo el que me dice: ¡Señor, Señor!, entrará en el reino de los cielos, sino el que hace la voluntad de mi Padre que está en los cielos"*. Si llama a Jesús "Señor, Señor", significa que cree que Jesús es el Cristo. No obstante, no puede ser salvo solamente por llamar al Señor por Su nombre, y sólo asistir los domingos a la iglesia.

Los que practican la maldad no pueden ser salvos

Dios dice acerca del juicio en Mateo 13:40-42:

"De manera que, así como se arranca la cizaña y se quema en el fuego, así será en el fin de este mundo. Enviará el Hijo del hombre a sus ángeles y recogerán de su Reino a todos los que sirven de tropiezo y a los que hacen maldad, y los echarán en el horno de fuego; allí será el lloro y el crujir de dientes."

Cuando un labrador cosecha, junta el trigo en su granero,

pero quema la paja al fuego. De la misma forma, Dios le está diciendo que aquéllos que no son rectos a los ojos de Dios deben enfrentar el castigo.

"A todos los que sirven de tropiezo", se refiere a todos aquellos que afirman creer en Dios, pero tientan a sus hermanos en Cristo y los hacen perder su fe. Por lo tanto, usted no será salvo si induce a la gente a pecar y a hacer lo malo.

Entonces, ¿Qué es hacer lo malo? En 1ª Juan 3:4, se lee que, *"todo aquél que comete pecado, infringe también la ley, pues el pecado es infracción de la Ley"*.

Exactamente como todos los países tienen su propio código de leyes, en el reino de Dios también hay una ley espiritual. La ley del reino espiritual es la Palabra de Dios escrita en la Biblia. Cualquiera que viole la Palabra de Dios es condenado de la misma forma como si alguien que infringiera la ley fuera procesado de acuerdo al orden legal.

Por lo tanto, violar la Palabra de Dios, es "hacer lo malo" y, por ende, es pecado. La ley de Dios puede ser clasificada en forma general en cuatro categorías: "Hacer", "No hacer", "Guardar", y "Echar fuera". Dado que Dios es luz y desea que su hijos vivan en la luz, les dice que hagan lo que es correcto, y que no hagan lo que es incorrecto, que cumplan y guarden los deberes y obligaciones de un hijo de Dios y que echen fuera todo lo que Dios rechaza o aborrece.

En Deuteronomio 10:13, Dios nos pide *"Que guarde los mandamientos de Jehová y sus estatutos, que yo te prescribo hoy para que tenga prosperidad"*. Por una parte, recibirá bendiciones si pone en práctica la Palabra de Dios.

Por otra parte, si no vive por la Palabra, recibirá la muerte eterna por la maldad y el pecado.

Gálatas 5:19-21 resalta que *"manifiestas son las obras de la carne, que son: adulterio, fornicación, inmundicia, lujuria, idolatría, hechicerías, enemistades, pleitos, celos, iras, contiendas, divisiones, herejías, envidias, homicidios, borracheras, orgías, y cosas semejantes a éstas. En cuanto a esto, os advierto, como ya os he dicho antes, que los que practican tales cosas no heredarán el reino de Dios"*.

"Inmoralidad sexual y adulterio", se refiere a toda clase de impureza sexual y a no permanecer puro, incluyendo el tener relaciones sexuales antes del matrimonio. "Inmundicia" significa acciones desordenadas provenientes de la naturaleza pecaminosa que van más allá del sentido común.

"Lujuria o libertinaje", es cuando uno continúa practicando el pecado de inmoralidad sexual y vive adulterando en palabras y en hechos. "Idolatría", es adorar objetos, como pinturas, estampas, medallas, cruces, etc. que están hechos de oro, plata, bronce o cualquier otro material, o cuando se ama cualquier cosa o a cualquier persona más que a Dios.

"Hechicería", es atraer o seducir a alguien sutilmente por medio de mentiras y además toda practica espiritista satánica, acudir a magos, adivinos, etc. "Enemistades", es tener el deseo de arruinar a otra persona por enemistad, es lo opuesto al amor. "Pleitos", o "discordias", se refiere a la acción de luchar para buscar el auto beneficio y la autoridad. "Celos", es odiar a otra persona porque siente que es mejor que usted. "Iras", no solamente significa tener furia o enojo, sino causar daño a otros debido a un odio incontrolable. "Contiendas o Ambición", se refiere al hecho de hacer que un grupo se separe o se divida y que siga a Satanás porque no está de acuerdo con otros. "Divisiones o disensiones", es hacer un grupo y separarlo para seguir sus propios pensamientos, y no los pensamientos del Espíritu Santo. "Herejías", se refiere a negar la Trinidad de Dios, negar que Jesús vino en carne, que derramó Su sangre para redimir a los seres humanos y que llegó a ser el Cristo.

"Envidia", es dañar o realizar hechos u acciones que perjudiquen a alguien debido a los celos. "Borracheras", es el hecho de beber alcohol y "Orgías", significa no sólo emborracharse, llevar una vida indulgente y falta de control, sino también fracasar en cumplir los deberes propios de un esposo o padre.

Además, "cosas semejantes a éstas", significa que hay muchas cosas pecaminosas similares a éstas y aquellos que hagan estos no serán salvos.

Pecados que son de muerte y pecados que no son de muerte

En este mundo se considera "pecado", cuando el efecto o la consecuencia de ese pecado es visible o causa algún daño físico al prójimo que puede comprobarse por evidencias palpables. No obstante, Dios que es luz, nos dice que no solamente los hechos pecaminosos son pecado sino también toda cosa o deseo oscuro que vaya en contra de la luz.

Incluso, aun cuando no sean manifiestos o se puedan ver, todo deseo pecaminoso en su corazón, tales como, el odio, la envidia, los celos, la lujuria, juzgar a otros, condenar, insensibilidad o crueldad y tener una mente deshonesta; son tanto maldades como pecados.

Por eso Dios nos dice, *"Pero yo os digo que cualquiera que mira a una mujer para codiciarla, ya adulteró con ella en su corazón"* (Mateo 5:28), y *"todo aquél que odia a su hermano es homicida"* (1ª Juan 3:15). Además en Romanos 14:23 se dice, *"...y todo lo que no proviene de fe es pecado";* y en Santiago 4:17 se lee que, *"El que sabe hacer lo bueno y no lo hace, comete pecado".* Por eso, debe reconocer que no hacer lo que Dios desea y manda es pecado y desobediencia.

Sin embargo, ¿Se podría entonces afirmar que todos los que cometen estos pecados morirán indefectiblemente? En primer lugar, debe comprender lo que es vivir por fe: si alguien miente antes de orar pero se esfuerza por llegar a ser un hombre veraz, honesto y confiable; aún cuando no haya echado fuera toda deshonestidad de su corazón porque su fe todavía es débil, no se puede aseverar que no será salvo por haber cometido este pecado.

En 1ª Juan 5:16-17 se nos dice, *"Si alguno ve a su hermano cometer pecado que no sea de muerte, pedirá, y Dios le dará vida; esto es para los que cometen pecado que no sea de muerte. Hay pecado de muerte por el cual yo no digo que se pida; toda injusticia es pecado, pero hay pecado de muerte".*

Los pecados se dividen generalmente en dos categorías: aquellos que llevan a la muerte y los otros que no son de muerte. Los que cometen pecado que no son de muerte pueden ser salvos si se les anima, se ora por ellos y se les ayuda a arrepentirse de sus pecados. No obstante, si uno comete pecado de muerte, no podrá ser salvo, incluso si se ora por él.

En algunas ocasiones, las personas consideran justificable y normal mentir para su propio beneficio, o engañar, mientras no se dañe a otros. Sin embargo, usted reconoce que es pecador cuando se da cuenta de la verdad, a pesar que haya podido pensar que ha vivido una vida recta antes de creer en Dios. Dios le muestra no sólo los pecados que se pueden ver sino también los malos pensamientos en su corazón, que también son pecado.

Toda maldad o acciones incorrectas son pecados y la paga del pecado es la muerte. No obstante, Jesucristo al derramar Su sangre en la cruz ha perdonado todos sus pecados del pasado, presente y futuro si se arrepiente genuinamente. Hay pecados que pueden ser perdonados por el poder de la sangre de Jesús, cuando se arrepiente y se aparta de ellos. Estos son pecados que no conducen a la muerte.

Si no se arrepiente, sino que continúa pecando, su conciencia se endurecerá. Entonces, eventualmente, no podrá recibir el espíritu de arrepentimiento si comete algún pecado que lo lleve a la muerte. Así, sus pecados no podrán ser perdonados, aún si intenta arrepentirse.

No hay salvación cuando se comete pecados que conducen a la muerte

Ahora, demos una mirada a las tres clases de pecados que conducen a la muerte: Blasfemar contra el Espíritu, deshonrar repetidamente en público al Hijo de Dios, y continuar pecando deliberadamente.

Blasfemar contra el Espíritu Santo

Hay tres aspectos que abarca la blasfemia contra el Espíritu Santo. Se comete blasfemia contra el Espíritu cuando se habla en contra del Espíritu Santo, cuando se opone al obrar del Espíritu Santo y cuando se deshonra al Espíritu Santo.

"Por lo tanto os digo: Todo pecado y blasfemia será perdonado a los hombres, pero la blasfemia contra el Espíritu no les será perdonada. Cualquiera que diga alguna palabra contra el Hijo del hombre, será perdonado; pero el que hable contra el Espíritu Santo, no será perdonado, ni en este siglo ni en el venidero." (Mateo 12:31-33)

"Todo aquel que diga alguna palabra contra el Hijo del hombre, será perdonado; pero el que blasfeme contra el Espíritu Santo, no será perdonado." (Lucas 12:10)

Primero: **"Hablar contra el Espíritu Santo"**, es obstaculizar o tratar de impedir que el reino de Dios se cumpla al impedir el obrar del Espíritu Santo debido a nuestro propio criterio y voluntad. Por ejemplo, hablar contra el Espíritu Santo es cuando usted se opone al obrar de Dios porque no está de acuerdo con su propia manera de pensar, aún cuando es la obra del Espíritu Santo.

Si condena o califica a un siervo de Dios como hereje cuando de hecho no lo es, y obstaculiza el obrar del Espíritu Santo, esto es un grave pecado ante Dios que no puede ser perdonado. Por tanto, debe poder discernir y distinguir entre los espíritus de acuerdo a la verdad.

Por supuesto, se debe ser firme al advertir a las personas de este hecho y no se debe permitir ni tolerar el comportamiento de algunos que procuran contaminar a otros con este espíritu de maldad ni menos que tengan una conducta abiertamente herética en contra de Dios. En Tito 3:10 se lee, *"Al que cause divisiones, después de una y otra amonestación deséchalo"*.

Hoy en día, mucha gente condena y califica como heréticas o incluso persiguen de muchas formas a algunas iglesias que reconocen la Trinidad de Dios y que manifiestan las obras del Espíritu Santo, debido a que estas personas no son capaces de distinguir o discernir los espíritus. Aun cuando afirman creer en Dios, no tienen el suficiente conocimiento bíblico sobre la herejía. Algunas veces no saben, ni siquiera, la definición de herejía.

En el caso que algunas personas persigan a otras debido a la falta de un conocimiento preciso y apropiado sobre este tema, si se arrepienten y dejan de condenar y de juzgar, pueden ser perdonados. Sin embargo, si continúan estorbando el obrar de Dios con mala intención y por celos, aun sabiendo que es una manifestación del Espíritu Santo, nunca podrán ser perdonados.

Se puede encontrar un ejemplo de esto en la Biblia. En Marcos 3, cuando Jesús realizaba prodigios y señales milagrosas, aquellos que estaban celosos de Él esparcieron el rumor que estaba loco. El rumor se esparció tan rápidamente que los miembros de Su familia que vivían lejos vinieron para sacarlo de la multitud.

Los maestros de la ley y los fariseos criticaron a Jesús diciendo, *"Pero los escribas que habían venido de Jerusalén, decían que tenía a Beelzebú, y que por el príncipe de los demonios echaba fuera los demonios"* (Marcos 3:22). Ellos conocían perfectamente la Palabra de Dios. Sabían muy bien la ley y la enseñaban al pueblo y, sin embargo, aún así se oponían a la obra de Dios debido a los celos y a la envidia que sentían por Jesús.

Segundo: **"Oponerse al obrar del Espíritu Santo"**, es desafiar o despreciar la voz del Espíritu Santo que Dios ha enviado, o juzgar y condenar las obras del Espíritu Santo, tratando de perjudicar a otras personas.

Por ejemplo, hablar en contra del Espíritu Santo es esparcir rumores, fraguar documentos o condenar al pastor de una iglesia en donde se manifiesta el obrar del Espíritu Santo, condenándolo como "hereje", con el propósito de impedir los cultos y servicios y obstaculizar el avivamiento que experimenta esa iglesia.

¿Qué significa entonces "cualquiera que hable una palabra contra el Hijo del Hombre se le perdonará"? "El Hijo del Hombre en este versículo se refiere a Jesús, quién vino como ser humano antes de ser crucificado en la cruz.

Hablar en contra del Hijo del Hombre, significa desobedecer a Jesús a sabiendas; aceptando simplemente que vino como hombre en carne a este mundo. La incapacidad de confesar a Jesús como el Salvador, es producto de la falta de conocimiento.

En este caso, será perdonado y podrá ser salvo sólo si se arrepiente completamente y recibe al Señor.

Por lo tanto, si ha cometido esta clase de pecado sin conocer la verdad o antes de recibir el Espíritu Santo, Dios le da, una vez más otra oportunidad para arrepentirse y ser perdonado.

No obstante, si desobedece y se opone al Señor, sabiendo exactamente quien es Jesucristo, debe saber que no será perdonado jamás por esto, porque es lo mismo que hablar en contra del Espíritu Santo y oponerse a su obrar.

Tercero: Blasfemia también significa deshonrar las cosas que son divinas, santas y puras. Blasfemar contra el Espíritu Santo también significa **deshonrar al Espíritu Santo,** el Espíritu de Dios, y la divinidad de Dios. Es pecado deshonrar el eterno poder y la divinidad de Dios si uno calumnia las obras del Espíritu Santo, diciendo que son obras de Satanás o si insiste en que algo es obra del Espíritu Santo cuando en realidad no lo es. Asimismo, predicar la mentira como verdad , afirmando lo que no es verdad como si lo fuera, y condenando lo que es verdad como si fuera falaz. Todo ello es también "blasfemia contra el Espíritu Santo".

En los tiempos antiguos, si uno era atrapado en sus palabras o hechos blasfemando contra el rey, se le consideraba una traición y era condenado a muerte.

Si blasfema contra la santa divinidad de Dios, que es todopoderoso y no puede ser comparado con ningún rey de este mundo, nunca jamás podrá ser perdonado.

Incluso Jesús, que tenía la misma naturaleza de Dios y vino a este mundo en carne, no condenó jamás a nadie. Si usted condena a hermanos y hermanas y además deshonra y desacredita las obras hechas por el Espíritu Santo, ¡Qué terrible pecado es este! Si tiene temor y temblor de Dios, nunca podrá oponerse, ni podrá hablar en contra, ni deshonrar al Espíritu Santo.

Por lo tanto, debe comprender que estos pecados nunca podrán ser perdonados, ni en este tiempo ni en el venidero; y jamás deberá cometerlos. Y si ha cometido estos pecados anteriormente, deberá buscar la gracia de Dios y arrepentirse de todo corazón.

Someter al Hijo de Dios a deshonra pública

Crucificar al Hijo de Dios otra vez y someterlo a la deshonra pública conduce a la muerte, como está escrito en el capítulo 6 de la carta a los Hebreos.

> *"Es imposible que los que una vez fueron iluminados, gustaron del don celestial, fueron hechos partícipes del Espíritu Santo y asimismo gustaron de la buena palabra de Dios y los poderes del mundo venidero, y recayeron, sean otra vez renovados para arrepentimiento, crucificando de nuevo para sí mismos, al Hijo de Dios y exponiéndolo a la burla."(Hebreos 6:4-6)*

Algunas personas dejan la iglesia y a Dios debido a las tentaciones de este mundo y caen, deshonrando a Dios, incluso aun cuando han recibido el Espíritu Santo, saben que hay un cielo y un infierno y creen en la Palabra de verdad. Decimos que ellos cometieron el pecado de crucificar al Hijo de Dios de nuevo y exponerlo a la burla o a la deshonra pública. Esta clase de personas, controladas por Satanás, no solamente cometen muchos pecados, sino incluso niegan a Dios y acosan y humillan a la iglesia y a los creyentes. Han entregado su conciencia a Satanás, por lo que sus corazones están en tinieblas y en oscuridad.

Por eso, no desean arrepentirse y el espíritu de arrepentimiento no viene sobre ellos. No tienen ninguna posibilidad para arrepentirse, y por lo tanto, nunca podrán ser perdonados.

Judas Iscariote cometió este pecado. El era uno de los doce discípulos de Jesús. Presenció muchas señales y prodigios, pero se volvió codicioso y vendió a Jesús por treinta monedas de plata. Luego su conciencia lo martirizó y se llenó de remordimiento y dolor, pero el espíritu de arrepentimiento no vino sobre Judas. Su pecado no podía ser perdonado, y finalmente se suicidó porque la culpa no lo dejaba de atormentar (Mateo 27:3-5).

Continuar pecando deliberadamente

El último pecado que lleva a la muerte es continuar pecando deliberadamente luego de haber recibido el conocimiento de la verdad.

"Si pecamos voluntariamente después de haber recibido el conocimiento de la verdad, ya no queda más sacrificio por los pecados, sino una horrenda expectación de juicio y de hervor de fuego que ha de devorar a los adversarios." (Hebreos 10:26-27)

El "pecar deliberadamente después de haber recibido el conocimiento de la verdad", significa hacer repetidamente cosas ilícitas o prohibidas que Dios no perdona. También quiere decir que, conociendo que algo es pecado se hace exactamente como *"el perro que vuelve a su vómito"*, y *"la puerca lavada a revolcarse en el cieno"* (2ª Pedro 2:22).

Por ejemplo, cuando David, quien amaba mucho a Dios, cometió adulterio, ese pecado dio origen a muchos otros que lo llevaron incluso a asesinar a uno de sus más leales soldados. No obstante, cuando el profeta Natán le señaló su pecado, inmediatamente el rey David se arrepintió.

Sin embargo, el rey Saúl continuó pecando, incluso luego de que el profeta Samuel le señalara su pecado. David se arrepintió y fue bendecido de Dios, mientras Que Dios se alejó de Saúl porque no se arrepintió y continuó pecando.

También, Balam que era un profeta con autoridad para bendecir y maldecir, pero que se comprometió con este mundo para obtener riqueza y fama, tuvo un fin miserable.

El Espíritu Santo se apaga en los corazones de aquellos que pecan voluntariamente porque Dios les da la espalda. En consecuencia, pierden su fe y hacen cosas equivocadas y malvadas controlados por el diablo.

Finalmente, el Espíritu Santo se debilitará hasta desaparecer y no podrán ser salvos porque no pudieron arrepentirse y sus nombres serán borrados del Libro de la Vida (Apocalipsis 3:5).

Hay gente que continúa pecando porque ha conocido a Dios sólo por medio de su entendimiento, pero en su corazón no cree realmente en Él. Sus pecados pueden ser perdonados y llegan ser salvos cuando se arrepienten completamente de todo corazón y logran tener verdadera fe.

Por lo tanto, debe saber que no será salvo si peca

voluntariamente, cediendo a los deseos de la naturaleza pecaminosa, incluso si en algún momento ha llegado a conocer la verdad, o ha creído en el cielo y el infierno o ha experimentado la abundante gracia de Dios. (Hebreros 6)

Espero que pueda entender cabalmente que todo pecado es desobediencia a Dios y Dios los aborrece, aún cuando alguno de estos no lo lleven a la muerte eterna.

Por favor, sea un creyente sabio y no permita ni cometa ninguna clase de pecado.

La carne y la sangre del Hijo del Hombre

A fin de tener una vida saludable, uno debe consumir alimentos y bebidas apropiadas. De la misma forma, para mantener un espíritu saludable y alcanzar la vida eterna, uno debe comer la carne y beber la sangre del Hijo del Hombre.

Ahora, vamos a aprender lo que es la carne y la sangre del Hijo del Hombre, y por qué debemos comer Su carne y beber Su sangre para alcanzar la vida eterna, basados en el siguiente texto de Juan 6:53-55:

"Jesús, les dijo: "De cierto, os digo: si no coméis la carne del Hijo del hombre y bebéis su sangre no tenéis vida en vosotros. El que come mi carne y bebe mi sangre tiene vida eterna y yo lo resucitaré en el día final, porque mi carne es verdadera comida y mi sangre es verdadera bebida".

¿Qué es la carne del Hijo del Hombre?

En la Biblia, Jesús nos da a entender por medio de muchas parábolas los secretos del cielo y de la voluntad de Dios. Para las personas que viven en este mundo tridimensional, es muy difícil entender la voluntad de Dios, que mora en el cielo en un mundo espiritual de cuatro dimensiones.

Por eso, Jesús comparó las cosas celestiales con cosas inanimadas, con plantas, animales y con otro tipo de formas de vida en este mundo para ayudarnos a comprender mejor la voluntad divina.

Por eso Jesús, el unigénito Hijo de Dios, es comparado con la roca y la estrella, que son cosas no dimensionales, con una vid que es unidimensional, con un cordero de dos dimensiones, y con el Hijo del Hombre que tiene tres dimensiones.

Jesús es llamado el Hijo del Hombre para que la carne del Hijo del Hombre, sea la carne de Jesús.

En Juan 1:1 se nos dice que, *"En el principio era el Verbo, y el Verbo estaba con Dios, y el Verbo era Dios"*. En Juan 1:14 se observa que *"y el Verbo se hizo carne y habitó entre nosotros. Lleno de gracia y de verdad; y vimos su gloria, gloria como la del unigénito del Padre"*.

Jesús es el que vino a este mundo en carne como el Verbo o la Palabra de Dios. Por tanto, la carne del Hijo del Hombre, es la Palabra de Dios, que es la verdad misma; y comer la carne del Hijo del Hombre, es aprender y entender la Palabra de Dios en la Biblia.

¿Qué significa comer la carne del Hijo del Hombre?

En Éxodo 12:5 y en los versículos subsiguientes, Jesús es representado como el "Cordero":

> *El animal será sin defecto, macho de un año; lo tomaréis de las ovejas o de las cabras. Lo guardaréis hasta el día catorce del mes, y lo inmolará toda la congregación del pueblo de Israel entre las dos tardes. Tomarán de la sangre y la pondrán en los dos postes y en el dintel de las casas en que lo han de comer.*

Muchos creyentes piensan que el cordero se refiere a los recién convertidos. Sin embargo, cuando uno estudia cuidadosamente la Biblia, vemos que el cordero es símbolo de Jesús.

Juan el Bautista, mirando a Jesús que venía hacia él dijo en Juan 1:29 *"Este es el Cordero de Dios, que quita el pecado del mundo"*. 1ª Pedro 1:19, se refiere al Señor, *"...como de un cordero sin mancha y sin contaminación"*. Además de estas, muchas otras expresiones comparan a Jesús con un cordero.

¿Por qué en la Biblia se compara a Jesús con un cordero?

Un cordero es el más apacible y el más obediente de todos los animales. Reconoce la voz de su pastor y lo obedece. Nadie puede engañar al cordero, aun cuando traten de imitar la voz de su pastor. Proporciona al hombre, leche, carne, su piel blanca y suave, y todas las demás partes de su cuerpo.

Exactamente como el cordero que da todo al ser humano, de la misma forma Jesús obedeció perfectamente la voluntad de

Dios y lo sacrificó todo por nosotros.

Jesús vino en carne a este mundo aun cuando tenía la misma naturaleza de Dios, predicó el evangelio del reino de los cielos, sanó innumerables enfermedades y dolencias, y fue crucificado.

Jesús dejó de lado todo para redimirlo a usted de sus pecados. Jesús es comparado a un cordero porque Sus características y acciones se asemejan a las de un apacible cordero, y comer un cordero simboliza comer la carne de Jesús, es decir, la carne del Hijo del Hombre.

¿Cómo se debe comer la carne del Hijo del Hombre? Veamos Éxodo 12:9-10 que nos da la siguiente instrucción:

> *"Ninguna cosa comeréis de él cruda, ni cocida en agua, sino asada al fuego; comeréis también su cabeza, sus patas y sus entrañas. Ninguna cosa dejaréis de él hasta la mañana; y lo que quede hasta la mañana lo quemaréis en el fuego."*

Primero: No se debe comer la Palabra de Dios cruda

¿Qué significa comer la carne del Hijo del Hombre "cruda"? Generalmente, no es bueno comer carne cruda. Si uno come carne cruda, lo más probable es que contraiga algún virus o bacteria y se enferme. De igual forma, Dios le dice que no debe comer la Palabra de Dios cruda, porque es dañina y perjudicial.

La Palabra de Dios ha sido escrita por la inspiración del Espíritu Santo, por lo que debe leerla y hacerla su alimento espiritual mediante la inspiración del Espíritu Santo.

¿Qué sucedería si uno interpreta la Palabra de Dios literalmente? Probablemente malinterpretaría el propósito y la intención de Dios. Por eso, comer "la Palabra de Dios cruda", significa interpretar la Biblia literalmente.

Como refiere Juan 1:1 *"El Verbo o la Palabra, era Dios"*, la Biblia contiene el corazón y la voluntad de Dios y todo se cumple de acuerdo a Su Palabra.

Dios nos dice en su Palabra cómo podemos llegar al cielo. Uno debe entender completamente la Palabra de Dios, a fin de obtener vida eterna. Por el contrario, un hombre carnal no puede ver ni entender el mundo espiritual.

Es como una cigarra que no sabe que hay un cielo cuando es una larva en la tierra. Es como un pollo que no sabe que hay un mundo exterior cuando está dentro del huevo. Es como un bebé que no conoce nada del mundo cuando aún está en el vientre de su mamá.

Del mismo modo, en tanto se limite a ver el mundo carnal, no conocerá nada acerca del mundo espiritual. Dios le está diciendo que hay otro mundo más allá del tridimensional. Al igual que un pollo que aún no nace, y que tiene que romper su caparazón, usted también tiene que derribar sus propios pensamientos carnales a fin de entender el reino espiritual.

Por ejemplo, Mateo 6:6 dice, *"Pero tú, cuando ores, entra en tu cuarto, cierra la puerta y ora a tu padre que está en secreto"*. Si fuera a interpretar este versículo literalmente, siempre tendría que orar en su cuarto. No obstante, no se puede encontrar ningún antecedente en la Biblia que nos muestre algún patriarca de la fe orando en secreto en su cuarto.

Jesús no oró en Su cuarto pero sí lo hizo en un monte durante toda la noche (Lucas 6:12), y en lugar solitario muy temprano en la mañana (Marcos 1:35).

Además, Daniel oraba tres veces al día con las ventanas abiertas hacia Jerusalén (Daniel 6:10) y el apóstol Pedro oraba en el tejado (Hechos 10:9).

Entonces, ¿Qué significa cuando Jesús dijo, "Entra en tu cuarto, cierra la puerta y ora"? Aquí, "cuarto" espiritualmente simboliza el corazón de la persona. Por tanto, entrar a "su cuarto interior o secreto" significa ir más allá del pensamiento humano, hasta llegar a lo profundo del interior del corazón, exactamente como cuando usted pasa por la sala de su casa para ir a su dormitorio. Solamente allí puede orar con todo su corazón.

Cuando entra al cuarto secreto, se aísla del exterior. Igualmente, cuando ora tiene que bloquear todos los pensamientos inútiles, preocupaciones y molestias; y orar de todo corazón.

Por eso, no debe comer cruda la carne del Hijo del Hombre. No debe interpretar la Palabra de Dios literalmente. Esto es, debe interpretarla espiritualmente por la inspiración del Espíritu Santo.

Segundo: No debe comer la Palabra de Dios cocida en agua

¿Qué significa "No comerás la carne cocida en agua"? Significa que no se debe de añadir nada a la Palabra de Dios, sino comerla pura.

No es correcto predicar la Palabra de Dios y mezclarla con política, historias populares, o refranes de personajes históricos.

Dios, quien creó los cielos y la tierra y que controla la vida y la muerte del ser humano, las bendiciones y maldiciones, es todopoderoso y no le hace falta nada, ni necesita que se le añada ni se le quite nada.

En 1ª Corintios 1:25 se afirma, *"Porque lo insensato de Dios es más sabio que los hombres y lo débil de Dios es más fuerte que los hombres"*. Esto está escrito en la Biblia para que comprenda que incluso el ser más sabio y la persona de más excelencia en esta tierra no puede ser comparada con Dios. No se podría predicar en toda una vida todo lo que la Biblia abarca. Entonces ¿Cómo podríamos atrevernos a incorporar y a mezclar a la Palabra de Dios palabras de hombres?

Las palabras del hombre cambian conforme el tiempo pasa. Incluso si hay algo de verdad en ellas, esto ya ha sido dicho en la Biblia, con la sabiduría de Dios.

En consecuencia, la primera prioridad al enseñar la Biblia debe ser la Palabra pura de Dios. Por supuesto, se pueden dar algunas parábolas o ilustraciones a fin que las personas entiendan más fácilmente la Palabra de Dios y los secretos del mundo espiritual.

Debe saber que sólo la Palabra de Dios es eterna y la más perfecta y completa verdad que conduce a la vida eterna. Por lo tanto, no debe de comer Su Palabra cocida en agua.

Tercero: Debe Comer la Palabra de Dios asada al fuego

¿Qué significa "asada al fuego, cabeza, piernas y entrañas"? Significa que debe hacer de la Palabra de Dios, la carne del Hijo del Hombre, su completo y único alimento espiritual, sin excluir absolutamente nada.

Por ejemplo, algunos dudan del hecho que Moisés abriera en dos el Mar Rojo. Algunos otros ni siquiera tratan de leer el Libro de Levítico, porque los sacrificios en los tiempos del Antiguo Testamento son difíciles de entender. Otras personas dicen que los milagros que Jesús hizo son difíciles de creer y piensan que esos milagros sólo pudieron ocurrir hace dos mil años. Excluyen muchas cosas que les son difíciles de aceptar o que simplemente no encajan dentro del pensamiento humano y sólo tratan de extraer lecciones o enseñanzas morales.

Ni siquiera se toman la molestia de recordar ni mucho menos cumplir mandamientos tales como "Ama a tus enemigos", o "Evita toda clase de maldad", porque les parecen demasiado difíciles de obedecer. ¿Será posible que ellos sean salvos?

Por eso, no debe ser como los necios que sólo toman lo que desean de la Biblia. Debe "comer" todas las palabras escritas en la Biblia desde Génesis hasta Apocalipsis completamente "asadas al fuego".

¿Qué significa entonces comer la Palabra de Dios "asada al fuego"? El fuego aquí se refiere al fuego del Espíritu Santo. Debe ser lleno e inspirado por el Espíritu Santo cuando lee y escucha la Palabra de Dios, porque ha sido escrita por medio de la inspiración del Espíritu Santo. De otra manera, sólo será conocimiento y no alimento espiritual.

Para comer la Palabra de Dios "asada al fuego", necesita orar fervientemente. Las oraciones sirven como aceite que viene a ser la fuente o el combustible para la llenura del Espíritu Santo. Si come la Palabra de Dios por la inspiración del Espíritu Santo, le será más dulce que la miel. Además, jamás se aburrirá de escucharla, no importa si el sermón es muy largo, ya que será tan preciosa para usted y amará el escuchar la Palabra de Dios, como un ciervo sediento buscando las corrientes de aguas.

Así es como se come la Palabra de Dios "asada al fuego". Sólo de esta manera entenderá la Palabra de Dios, la hará su carne y sangre espiritual, y de esta forma, cumplirá la voluntad de Dios. Así dará a luz al espíritu por el Espíritu Santo, crecerá en la fe y recobrará la imagen perdida de Dios al entender el verdadero rol y deber del hombre.

Sin embargo, aquellos que comen la Palabra de Dios con sus propios criterios sin "asarla al fuego", piensan que es aburrida y que no pueden recordarla porque la escuchan con una mente ociosa. No pueden crecer espiritualmente ni vivir una vida verdadera cristiana.

Cuarto: no debe dejar para mañana la Palabra de Dios

¿Qué significa "Ninguna cosa dejarás de él hasta la mañana; y lo que quede lo quemarás en el fuego"?

Significa que debe comer la carne del hijo del hombre, la Palabra de Dios, durante la noche. El mundo en el cual usted vive ahora es un mundo en tinieblas controlado por el diablo, y puede espiritualmente definirse como noche u oscuridad. Cuando nuestro Señor venga de nuevo, toda oscuridad y tinieblas desaparecerá y todo será restaurado; será siempre de mañana, un mundo de luz.

Por lo tanto, "Ninguna cosa dejarás de él hasta la mañana" significa que uno debe aprender la Palabra de Dios para prepararse como la novia de nuestro Señor Jesucristo, antes de Su regreso. Además, sea que la venida del Señor esté cerca o no, uno puede vivir sólo 70 ú 80 años, y no sabe cuándo se reunirá con el Señor. Hasta que llegue ese momento, usted crecerá espiritualmente en la medida que coma la carne y beba la sangre del Hijo del Hombre, por lo que debe aprender diligentemente la Palabra de Dios y crecer espiritualmente.

Si tiene la fe espiritual de un adulto al haber desarrollado constantemente su espíritu, recibirá una gloria semejante a la del sol resplandeciente, cerca del trono de Dios, porque conoce a Dios, quién es el principio de todo, porque cultiva el fruto del Espíritu Santo y las Bienaventuranzas, y porque refleja la imagen de Dios.

Beber la sangre del Hijo de Dios

Para mantenerse con vida, se debe ingerir alimento, y también beber agua. Si no consume nada de agua, el alimento no podrá ser digerido y morirá. Cuando los alimentos entran a su estómago, se mezclan con agua para ser digeridos, los nutrientes son absorbidos y el desperdicio es echado fuera.

De la misma manera, cuando come la carne del Hijo del Hombre, pero no bebe la sangre, no puede digerirla. Por tanto, usted puede alcanzar la vida eterna sólo al comer la carne y beber la sangre del Hijo del Hombre.

"Beber la sangre del Hijo del Hombre", es poner en acción por fe la Palabra de Dios. Luego que escucha la Palabra de Dios es muy importante actuar o accionar de acuerdo a ella y a esto se llama fe. Si luego de haber escuchado la Palabra de Dios no actúa conforme a ella, entonces es inútil que usted la haya escuchado.

De la misma forma como los nutrientes son absorbidos y el desperdicio es echado fuera al digerir el alimento, cuando uno actúa de acuerdo a la Palabra de Dios, la verdad es absorbida y la mentira es desechada para purificar la suciedad del corazón.

¿Qué es "absorber la verdad" y "echar fuera la mentira"?

Digamos que ha escuchado la Palabra de Dios, "no odie, sino ámense los unos a los otros". Si hace de esta palabra su alimento, y actúa de acuerdo a ella, el nutriente llamado amor es absorbido y el desperdicio llamado odio es echado fuera. El corazón automáticamente se vuelve más puro y más veraz al echar fuera la mentira y los malos pensamientos.

Actuar conforme a la Palabra de Dios

No obstante, si no actúa conforme a la Palabra de Dios, no está bebiendo la sangre del Hijo del Hombre. En consecuencia, la Palabra de Dios es sólo una porción de conocimiento en la mente y no podrá ser salvo si no actúa conforme a ella.

Beber la sangre del Hijo del Hombre, es decir, actuar de acuerdo a la Palabra de Dios, no puede ser hecho simplemente por el esfuerzo humano. Usted debe tener la voluntad y el deseo de esforzarse para actuar conforme a la Palabra, y luego orar intensamente para recibir la gracia de Dios, Su poder, y la ayuda del Espíritu Santo.

Si usted pudiera despojarse del pecado por sus propias fuerzas, no hubiera sido necesario crucificar a Jesús ni que Dios enviara el Espíritu Santo.

Jesucristo fue crucificado para perdonar nuestros pecados porque nosotros mismos no podemos solucionar el problema de pecado; y Dios envió al Espíritu Santo para ayudarnos a cambiar nuestro corazón en un corazón limpio.

El Espíritu Santo, el Espíritu de Dios, ayuda a los hijos de Dios a vivir en la verdad y en la justicia. Por eso, con la ayuda del Espíritu Santo, los hijos de Dios pueden vivir de acuerdo a la Palabra de Dios, despojándose de sus pecados y recibiendo el amor y la bendición de Dios.

El perdón sólo caminando en la luz

Comer la carne y beber la sangre del Hijo del Hombre, significa que está viviendo en la luz; es decir, que vive conforme a la Palabra de Dios. ¿A qué se refiere esto de andar en la luz? Cuando come la carne del Hijo del Hombre, la debe digerir, y esto hace que su corazón se transforme en un corazón veraz, entonces deja de caminar en las tinieblas y comienza a actuar en la luz. Al vivir en la luz, la sangre del Señor lo limpia de los pecados del pasado, del presente y del futuro.

Incluso si tiene pecados que aún no han sido removidos, si se arrepiente de todo corazón delante de Dios, esos pecados son perdonados por la gracia de Dios. Aquellos que realmente creen en Dios y procuran tener un corazón recto y justo, ya no son más pecadores, sino hombres justos, y llegan ser salvos y a tener vida eterna.

Dios es luz

En 1ª Juan 1:5 leemos que *"Este es el mensaje que hemos oído de él, y os anunciamos: Dios es luz, y no hay ningunas tinieblas en él"*.

El apóstol Juan, que escribió 1ª de Juan, fue directamente enseñado por Jesús, quién vino como luz a este mundo; y que es el camino hacia Dios.

Asimismo, Juan 1:4-5 dice de Jesús, *"En él estaba la vida, y la vida era la luz de los hombres. La luz resplandece en las tinieblas y las tinieblas no la dominaron"*. Jesús declara de sí mismo, *"Yo soy el camino y la verdad y la vida. Nadie viene al Padre sino por mí"* (Juan 14:6).

Por eso, Sus discípulos pudieron atestiguar por medio de Jesús el hecho que "Dios es luz", y el mensaje que ellos le declaran es que "Dios es luz".

Espiritualmente luz significa verdad

¿Qué es "la luz"? Espiritualmente, luz significa verdad y la verdad es lo opuesto a la oscuridad.

En Efesios 5:8 Dios nos dice, *"Porque en otro tiempo erais tinieblas, pero ahora sois luz en el Señor; andad como hijos de luz"*. Aquellos que escuchan el mensaje que "Dios es luz" y aprenden la verdad de Dios pueden resplandecer e iluminar este mundo, de la misma forma como la luz echa fuera las tinieblas.

Los hijos de luz que actúan conforme a la verdad llevan el fruto de la luz. Por eso Efesios 5:9 afirma, *"Porque el fruto del*

Espíritu es en toda bondad, justicia y verdad". El amor espiritual descrito en 1ª Corintios 13 y el fruto del Espíritu Santo, como amor, gozo, paz, paciencia, bondad, benignidad, fe, templanza y mansedumbre son el fruto de la luz.

Por tanto, la luz se refiere a todas las palabras y mandamientos de la Palabra que se hacen en bondad, justicia, y amor, tales como "amarse el uno al otro, orar, guardar el día del Señor, y cumplir con los "Diez Mandamientos" que Dios nos menciona en la Biblia".

Espiritualmente oscuridad significa pecado

Oscuridad se refiere a la condición en la cual no hay luz y espiritualmente significa pecado. Toda falsedad o mentira, que se oponen a la verdad, como las descritas en Romanos 1:29, *"Maldad, envidia, perversidad, avaricia, homicidios, contiendas, engaños, y malicia, murmuraciones, calumnias, enemigos de Dios, insolentes, arrogantes, y soberbios, inventores de males, desobedientes a los padres".* Todas estas cosas son oscuridad.

La Biblia le dice que deseche todo lo que provenga de la oscuridad, como el robo, homicidio, adulterio y toda clase de maldad.

Sin embargo, algunos afirman ser hijos de Dios, a pesar que no obedecen lo que Dios les manda hacer, sino que hacen precisamente lo contrario; es decir, hacen lo que Dios les ordena no hacer. Esta oscuridad es regida por Satanás y por el diablo y proviene de este mundo y nunca puede estar junto a la luz. Por eso aquellos que actúan en la oscuridad odian la luz y viven lejos de ella.

No obstante, los verdaderos hijos de Dios, que es luz y en quien no hay tinieblas, deben alejarse de la oscuridad y vivir en la luz. Sólo entonces, podrán tener comunión con Dios y todo les irá bien en sus vidas.

La evidencia de tener intimidad con Dios

Normalmente, hay un compañerismo muy íntimo entre padres e hijos basado en el mutuo amor. De la misma forma, resultará obvio para usted, que cree en Jesucristo, que debe tener intimidad con Dios quien es el Padre de su espíritu (1ª Juan 1:3).

En este sentido, intimidad y compañerismo no sólo significa que se conozcan el uno al otro, sino que ambos se conozcan muy bien. Usted no puede decir que tiene compañerismo con el presidente de la nación, aunque conozca y sepa mucho acerca de él. Es lo mismo en su intimidad con Dios. Para tener una verdadera comunión con Dios, usted debe conocerlo también a Él, como Él lo conoce a usted.

En 1ª Juan 1:6-7, dice, *"Si decimos que tenemos comunión con Él y andamos en tinieblas, mentimos y no practicamos la verdad. Pero si andamos en luz, como Él está en luz, tenemos comunión unos con otros y la sangre de Jesucristo, su Hijo, nos limpia de todo pecado"*.

Esto significa que sólo tiene intimidad con Dios cuando se libera del pecado y camina en la luz. Si dice que tiene comunión con Dios mientras aún está caminando y viviendo en la oscuridad; es un mentiroso.

Tener intimidad con Dios significa tener un compañerismo

verdadero y espiritual y no sólo tener una comunión superficial conociéndolo sólo con la mente y el conocimiento humano. Usted mismo debe ser luz a fin de tener intimidad con Dios porque Él es luz. El Espíritu Santo, el corazón de Dios, le enseña claramente la voluntad de Dios en la medida en que permanezca en la verdad; y al leer Su Palabra y al orar, podrá tener una comunicación mucho más profunda con Dios.

Si camina en la oscuridad

Usted miente cuando afirma que tiene comunión con Dios y vive pecando en la oscuridad. Eso no es caminar en la verdad. Finalmente ese camino lo conducirá a la muerte.

En 1ª de Samuel capítulo 2, los hijos de Elí, el sacerdote, actuaron mal y pecaron. Él debió haberlos castigado, pero sólo les advirtió *"¿Por qué hacen tales cosas? No deberían hacer esto"*. Al final, la ira de Dios cayó sobre ellos. Los dos hijos del sacerdote Elí murieron en una batalla y él cayó de su silla, cuando estaba sentado al lado de la puerta de la ciudad, rompiéndose el cuello y murió. La ira de Dios también cayó sobre sus descendientes (1ª Samuel 2:27-36, 4:11-22).

En consecuencia, como se cita en Efesios 5:11-13, *"Y no participéis en las obras infructuosas de las tinieblas, sino más bien reprendedlas, porque vergonzoso es aún hablar de lo que ellos hacen en secreto. Mas todas las cosas cuando son puestas en evidencia por la luz, son hechas manifiestas, porque la luz es lo que manifiesta todo"*.

Si hay alguien que declara o afirma tener comunión con Dios

pero no camina en la luz, debe advertirle y reconvenirle con amor. Si aún no viene a la luz, usted debe reprenderle para guiarlo al buen camino a fin que no continué por la senda de la muerte.

El perdón caminando en la luz

En este mundo hay leyes, y cuando alguien las viola, se le castiga de acuerdo a la gravedad del hecho. No obstante, esa persona no podría evitar en su conciencia el sentimiento de culpa, aún si pagara por el error cometido e incluso si fuera también castigado, porque el daño ya ha sido hecho.

Igualmente, usted todavía tiene en su corazón la naturaleza pecaminosa aun cuando ha aceptado a Jesucristo, ha recibido perdón por sus pecados, y ha sido declarado justo. Por eso, Dios le manda circuncidar su corazón para que no tenga más ese sentimiento de culpa en su conciencia. Como se cita en Jeremías 4:4, *"Circuncidaos para Jehová, quitad el prepucio de vuestro corazón, hombres de Judá y moradores de Jerusalén"*, circuncidar el corazón representa quitar la piel de su corazón.

Quitar la piel de su corazón significa obedecer lo que Dios nos manda en la Biblia como, "haz esto", "no hagas aquello", "guarda eso" ó "deshecha lo otro".

En otras palabras significa alejarse de todo lo que está en contra de la Palabra de Dios como la mentira, la maldad, la injusticia, la desobediencia y todo lo que representa las tinieblas, limpiando su corazón y llenándolo con la verdad.

Por tanto, usted debe diligentemente hacer de la Palabra de Dios su alimento, absorber todos sus "nutrientes" actuando y viviendo de acuerdo a ella, y echar fuera toda maldad y mentira que pertenecen a las tinieblas. Usted crecerá espiritualmente cuando circuncida su corazón.

Cuando llega a ser un hombre de espíritu desechando el pecado y la maldad, tendrá intimidad y comunión con Dios.

Y debido a esta comunión la sangre de Jesucristo entonces podrá limpiarlo de sus pecados.

En consecuencia, no sólo se debe aceptar y recibir a Jesucristo como Señor y Salvador, y de esta forma, ser declarado justo ante Dios, sino también debe ser transformado en un verdadero hombre justo, comiendo la carne, bebiendo la sangre del Hijo del Hombre y circuncidando su corazón.

Una fe con obras es una verdadera fe

Para sorpresa suya, usted encontrará a muchas personas que no entienden verdaderamente el significado de lo que es la fe. Algunos dicen, "Si ya eres salvo, solamente debes ir a la iglesia".

Si escucha la Palabra de Dios y la conoce, pero no actúa de acuerdo a ella, es sólo fe como una forma de conocimiento mental, pero no es verdadera fe. De esta manera no podrá ser salvo. ¿Cuál es la fe que Dios acepta? ¿Cómo puede ser salvo por fe?

El verdadero arrepentimiento es dejar el pecado

1ª de Juan 1:8-9 cita, *"Si decimos que no tenemos pecado, nos engañamos a nosotros mismos y la verdad no está en nosotros. Si confesamos nuestros pecados él es fiel y justo para perdonar nuestros pecados y limpiarnos de toda maldad".*

¿Qué es confesar sus pecados?

Supongamos que Dios le dice "Dirígete hacia el este, porque es el camino hacia la vida eterna y esa es mi voluntad". Sin embargo, si continúa dirigiéndose al oeste y dice "Dios yo debía ir al este, pero estoy yendo al oeste, por favor perdóname". Esa no es una confesión. Esto no es creer ni temer a Dios, sino más bien es burlarse de Él. El verdadero arrepentimiento no sólo es confesar sus pecados con la boca, sino también darle completamente la espalda al pecado en sus actos y en su vida. Sólo entonces Dios recibirá esta confesión como arrepentimiento y lo perdonará.

De la misma forma en que moriría si no comiera ningún alimento aun sabiendo que debe comer para vivir, usted no podrá ser limpio por medio de la sangre del Señor si sólo confiesa de labios sus pecados y no se aleja de ellos.

Una fe sin obras es una fe muerta

En Santiago 2:22 leemos *"¿No ves que la fe actuó juntamente con sus obras y que la fe se perfeccionó por las obras?"* y en el versículo 26 continúa: *"Así como el cuerpo sin espíritu está muerto, así también la fe sin obras está muerta".*

Muchas personas van a la iglesia porque han escuchado que hay un cielo y un infierno. No obstante, como en su corazón no creen verdaderamente en este hecho, sus obras no lo demuestran.

Esta es sólo fe como conocimiento y es una fe muerta. Además, si confiesa con sus labios que cree y continúa viviendo en pecado, ¿Cómo puede decir que tiene fe? La Biblia dice que el pecado cometido con conocimiento es peor que el pecado que se comete por ignorancia.

Cuando confiesa, "yo creo" y no lo demuestra con hechos, usted podrá pensar que tiene fe pero Dios no reconoce esto como verdadera fe. Los israelitas que salieron de Egipto experimentaron muchos hechos milagrosos de Dios. Dios abrió el Mar Rojo, les dio el Maná y los codornices y los protegió con la columna de nube de día y la columna de fuego de noche.

Sin embargo, cuando Dios les mandó espiar en la tierra de Canáan, sólo Josué y Caleb creyeron en la palabra y poder de Dios. Como resultado de esto, los israelitas que no obedecieron a Dios porque no tuvieron una fe lo suficientemente firme y fuerte para entrar en Canáan, tuvieron que pasar cuarenta años de pruebas en el desierto y finalmente murieron allí.

Debe entender que no le es útil el solo hecho de haber presenciado y haber experimentado en su propia vida numerosas obras milagrosas de Dios, si no cree ni vive de acuerdo a la Palabra de Dios. La fe se debe complementar con obras y hechos concretos.

Sólo aquellos que guardan la ley son justificados

Dios nos dice en Romanos 2:13, *"Pues no son los oidores de la Ley los justos ante Dios, sino los que obedecen la Ley serán justificados"*.

Usted no es justificado sólo por asistir a la iglesia y escuchar las prédicas y los mensajes. Se hace justo sólo cuando su corazón, lleno de falsedad y mentira, se transforma en un corazón lleno de verdad, actuando y viviendo de acuerdo a la Palabra de Dios.

Algunos dicen que pueden ser salvos sólo por llamar a Jesucristo "Señor," malinterpretando Romanos 10:13, *"Ya que todo aquél que invoque el nombre del Señor, será salvo"*. Sin embargo, esto es absolutamente erróneo. Como dice Isaías 34:16, *"Consultad el libro de Jehová y leed si faltó alguno de ellos; ninguno faltó con su pareja. Porque su boca mandó y su mismo Espíritu los reunió"*, la Palabra de Dios tienen su par y llega a ser perfecta sólo cuando es interpretada con su pareja.

Romanos 10:9-10 dice *"Si confiesas con tu boca que Jesús es el Señor y crees en tu corazón que Dios lo levantó de entre los muertos, serás salvo, porque con el corazón se cree para la justicia, pero con la boca se confiesa para salvación"*.

Sólo aquellos que creen verdaderamente en su corazón que Jesús resucitó pueden confesar con labios sinceros porque viven de acuerdo a la Palabra de Dios. Serán salvos cuando confiesan a Jesús como su Señor con esta clase de fe verdadera y serán, asimismo, cada vez más y más justos. Pero los que no confiesan con este tipo de fe, no podrán ser salvos.

Por eso Jesús dijo en Mateo 13:49-50, *"Así será al fin del siglo: saldrán los ángeles y apartarán a los malos de entre los justos, y los echarán en el horno de fuego; allí será el lloro y el crujir de dientes"*.

Aquí, "justos" se refiere a todos aquellos que conocen a Dios y afirman tener fe. Separar a los malos de los justos significa que los que no actúan de acuerdo a la Palabra de Dios no pueden ser salvos, aunque asistan a una iglesia y vivan aparentemente como cristianos.

Dios desea realmente la circuncisión del corazón

Dios anhela que sus hijos sean santos y perfectos. Por eso, en 1ª Pedro 1:15 se señala, *"Sino, como aquél que os llamó es santo, sed también vosotros santos en toda vuestra manera de vivir"* y en Mateo 5:48, *"Sed, pues, vosotros perfectos como vuestro Padre que está en los cielos es perfecto"*.

En el Antiguo Testamento, las personas eran salvas por sus obras como representación de lo que había de venir.

Sin embargo, en el Nuevo Testamento cuando Jesucristo cumplió con amor la ley, usted es salvo por fe. "Ser salvo por obras" significa que aun teniendo, por ejemplo, un corazón impío para asesinar, odiar, cometer adulterio, mentir, y otras cosas, esto no era considerado pecado a menos que se concretara en hechos. En el Antiguo Testamento, Dios no condenó al pueblo a menos que hiciera obras, acciones, o hechos malos porque no podían por sí mismos y sin el Espíritu Santo echar fuera sus pecados. Sin embargo, en el Nuevo Testamento, se es salvo sólo cuando circuncida su corazón por fe y con la ayuda del Espíritu Santo, ya que el Espíritu mora en usted. El Espíritu Santo hace que sea conciente de la diferencia entre pecado y justicia y del juicio que ello implica, y le capacita para vivir una vida cristiana de acuerdo a la Palabra de Dios. Por eso, puede desechar la mentira y circuncidar su corazón con la ayuda del

Espíritu Santo.

Debe entender que Dios realmente le pide circuncidar su corazón, despojarse de todo pecado, ser santo, y ser partícipe de la naturaleza divina. El apóstol Pablo sabía la voluntad de Dios y enseñó la importancia de la circuncisión del corazón y no de la carne (Romanos 2:28-29). Aconsejaba resistir hasta derramar sangre en la lucha contra el pecado, puesto los ojos en Jesús, el autor y el consumador de nuestra fe (Hebreos 12:1-4).

Espero que tenga una verdadera fe acompañada con obras y que comprenda que no puede entrar al cielo tan sólo clamando "Señor, Señor", sino únicamente caminando en la luz y circuncidando su corazón.

Capítulo 9

NACER DEL AGUA Y DEL ESPÍRITU

- Nicodemo viene a Jesús
- Jesús ayuda al discernimiento espiritual de Nicodemo
- Nacer del agua y del Espíritu
- Tres testigos: el Espíritu, el agua y la sangre

"Había un hombre de los fariseos que se llamaba Nicodemo, dignatario de los judíos. Éste vino a Jesús de noche y le dijo: Rabí, sabemos que has venido de Dios como maestro, porque nadie puede hacer estas señales que tú haces, si no está Dios con él. Le respondió Jesús: De cierto, de cierto te digo que el que no nace de nuevo no puede ver el reino de Dios. Nicodemo le preguntó: ¿Cómo puede un hombre nacer siendo viejo? ¿Puede acaso entrar por segunda vez en el vientre de su madre y nacer? Respondió Jesús: De cierto, de cierto te digo, que el que no nace de agua y del Espíritu, no puede entrar en el reino de Dios".

Juan 3 :1-5

Dios envió a Jesucristo, Su unigénito Hijo, y abrió el camino de la salvación. Cualquiera que lo acepte recibe el derecho de ser hecho hijo de Dios y goza de una vida bendecida y eterna ahora y para siempre. No obstante, hoy en día vemos que muchas personas no tienen la seguridad de su salvación, aun cuando dicen haber recibido a Jesucristo. Además, algunos afirman haber recibido la salvación pero carecen de fe para ser salvos, y otros sostienen ser salvos porque recibieron una vez el Espíritu Santo pero luego no dan muestras de su salvación ni en sus hechos ni acciones.

Para concluir el Mensaje de la Cruz, y a través de la historia de Nicodemo, vamos a ver claramente la forma en que debemos alcanzar la perfecta salvación desde el momento en que recibimos a Jesucristo.

Nicodemo viene a Jesús

En los tiempos de Jesús, los fariseos tenían en muy alta estima y consideración la Ley de Moisés y se mantenían aferrados a la tradición de los ancianos. Eran líderes religiosos escogidos entre los israelitas que creían en la soberanía de Dios, la resurrección, los ángeles, el juicio final y en la venida del Mesías.

No obstante, Jesús los reprendió repetidamente, diciendo, "Hay de vosotros, escribas y fariseos". Eran hipócritas que, como sepulcros blanqueados, aparentaban ante la gente santidad en lo externo, pero que en el interior estaban llenos de envidia y de autocomplacencia (Mateo 23:25-36).

Nicodemo tenía un buen corazón

Nicodemo era uno de los fariseos que pertenecía al consejo del gobierno judío llamado Sanedrín. No obstante, él no persiguió a Jesús como los otros fariseos. En vez de ello, viendo los prodigios y señales que realizaba, creyó que Jesús había venido de Dios. Nicodemo deseaba saber quién era Jesús porque tenía un buen corazón.

En Juan 7:51, Nicodemo, defendiendo a Jesús, le pregunta a los fariseos que querían arrestar a Jesús, *"¿Juzga acaso nuestra Ley a un hombre si primero no lo oye y sabe lo que ha hecho?".*

Como miembro del Sanedrín en ese tiempo no debe haber sido nada fácil para Nicodemo decir esto. Incluso ahora, si un gobierno impide o proscribe por ley el cristianismo, los que ocupan cargos oficiales no podrían declarar abiertamente su apoyo. De igual forma, en aquel tiempo los israelitas consideraban falsas todas las otras religiones excepto el judaísmo. Nicodemo sabía que podía ser expulsado del Consejo si se ponía de parte de Jesús.

A pesar de ello, defendió a Jesús. Eso probó que era veraz y que su fe en Jesús era firme y sólida.

En Juan 19:39-40 se describe una escena inmediatamente después de la muerte de Jesús en la cruz:

"Vino también Nicodemo, el que antes había visitado a Jesús de noche, trayendo un compuesto de mirra y de áloes, como cien libras. Tomaron, pues, el cuerpo de Jesús y lo envolvieron en lienzos con especias aromáticas, según la costumbre judía de sepultar."

Por lo tanto, Nicodemo creyó que Jesús era un hombre de Dios, le sirvió de manera constante aún después de Su crucifixión y alcanzó la salvación por la fe en Su resurrección.

Nicodemo viene a Jesús

En Juan 3, hay un diálogo entre Jesús y Nicodemo antes que entendiera la verdad en el espíritu.

Una noche Nicodemo vino a Jesús, y le dijo, *"Rabí, sabemos que has venido de Dios como maestro, porque nadie puede hacer estas señales que tú haces, sino está Dios con él"* (v.2).

Al principio Nicodemo no sabía que Jesús era el Mesías y el Hijo de Dios. No obstante, luego que presenció los milagros que Jesús hacía y debido a que tenía una buena conciencia, entendió y confesó que Jesús era un siervo de Dios. Por medio de su buena conciencia, supo que sólo el todopoderoso Dios podía levantar a los muertos, hacer que los ciegos vean, que los cojos caminen y que los leprosos sanen.

Entonces, ¿Por qué vino a Jesús de noche? Nicodemo era

como aquellas personas que no quieren asistir abiertamente a la iglesia porque no tienen confianza en Dios el Creador.

Si bien Nicodemo tenía un buen corazón, no tenía una verdadera fe. No tenía confianza en Jesús como el Hijo del Hombre ni como el Mesías por eso no fue a ver a Jesús abiertamente en el día, sino lo hizo durante la noche.

Jesús ayuda al discernimiento espiritual de Nicodemo

Jesús le dijo a Nicodemo, *"De cierto, de cierto te digo que el que no nace de nuevo no puede ver el reino de Dios"* (Juan 3:3).

Sin embargo, Nicodemo no podía entender esto. Entonces, de nuevo le preguntó, "¿Cómo puede un hombre nacer de nuevo siendo viejo?" No tenía fe espiritual, por eso se preguntaba, "Un hombre viejo muere y regresa a la tierra, y entonces ¿Cómo puede volver a nacer?"

Entonces, Jesús le dijo que debía nacer de agua y del Espíritu: *"De cierto, de cierto te digo, que el que no nace de agua y del Espíritu, no puede entrar en el reino de Dios. Lo que nace de la carne, carne es; y lo que nace del Espíritu, espíritu es"* (Juan 3:5-6).

Como Nicodemo mostró curiosidad por lo que le decía Jesús, el Señor se lo explicó en una parábola: *"El viento sopla de donde quiere, y oyes su sonido, pero no sabes de dónde viene ni a donde va"* (Juan 3:8).

Luego de la desobediencia de Adán, el espíritu del hombre murió y de ahí en adelante el ser humano estuvo destinado a sufrir la muerte eterna. Sin embargo, al recibir el Espíritu Santo, el espíritu del hombre vuelve a nacer. Y en la medida en que llegue al nivel del espíritu, restaurará la imagen de Dios y será salvo. No obstante, Nicodemo no entendía lo que Jesús quería decirle (Juan 3:9).

Por lo que le preguntó, "¿Cómo puede hacerse esto?". Jesús le respondió:

"Si os he dicho cosas terrenales y no creéis, ¿cómo creeréis si os digo las celestiales? Nadie subió al cielo sino el que descendió del cielo, el Hijo del hombre que está en el cielo. Y como Moisés levantó la serpiente en el desierto, así es necesario que el Hijo del hombre sea levantado, para que todo aquél que en él cree no se pierda, sino que tenga vida eterna." (Juan 3:12-15)

En Números 21:4-9, los israelitas que habían sido sacados de Egipto hablaron contra Moisés porque su jornada hacia Canáan se hacía cada vez más y más difícil de soportar. Entonces Dios alejó Su rostro de ellos y envió serpientes venenosas para que atacaran al pueblo.

Al clamar por ayuda, Dios le dijo a Moisés que hiciera una serpiente de bronce y que la pusiera en una estaca en lo alto. Dios salvó a todo aquel que la miró, pero los necios y obstinados murieron por su incredulidad, porque ni siquiera se molestaron en mirarla.

Entender espiritualmente la Palabra de Dios

¿Por qué Dios mandó hacer una serpiente de bronce y la puso en una estaca? Desde Génesis 3:14 nosotros sabemos que la serpiente ha recibido la maldición. Además en Gálatas 3:13 dice, *"Maldito todo el que es colgado de un madero"*.

Por tanto, el poner una serpiente de bronce en una estaca simboliza que Jesús sería puesto en una cruz de madera como una serpiente maldita para redimirnos. Además, al igual que el que miraba la serpiente de bronce vivía, todo aquel que cree en Jesucristo es salvo.

Nicodemo no podía entender el significado de la Palabra de Dios, porque no había nacido todavía de agua y del Espíritu y sus ojos espirituales no estaban aún abiertos.

Incluso, hoy en día, a menos que no nazca de agua y del Espíritu y sus ojos espirituales estén abiertos, no podrá entender el significado de una prédica o mensaje espiritual, porque lo puede tomar literalmente y mal entenderlo.

Debe orar fervientemente a fin de entender el significado espiritual de la Palabra de Dios por la inspiración del Espíritu Santo. Entonces, la gracia de Dios abrirá su corazón y podrá entender la Palabra de Dios y tendrá verdadera fe.

Nacer del agua y del Espíritu

Cuando Nicodemo vino a Jesús de noche, él le respondio *"De cierto, de cierto te digo que el que no nace de agua y del*

Espíritu no puede entrar en el reino de Dios. Lo que nace de la carne, carne es; y lo que nace del Espíritu, espíritu es" (Juan 3:5-6).

Debemos ser claros sobre el significado de nacer de agua y del Espíritu. ¿Cómo se puede volver a nacer de agua y del Espíritu y alcanzar la salvación?

El agua simboliza el agua de la vida eterna

El agua alivia la sed y ablanda los órganos internos del cuerpo. También limpia el cuerpo tanto interior como exteriormente. Así, Jesús comparó el agua de vida eterna con el agua natural para explicar que nos limpia y nos da vida eterna.

Jesús nos dice en Juan 4:14, *"Pero el que beba del agua que yo le daré no tendrá sed jamás, sino que el agua que yo le daré será en él una fuente de agua que salte para vida eterna".*

Si usted bebe agua, por un momento no tendrá sed, pero eventualmente llegará a tener sed de nuevo. El agua en esta escritura significa agua eterna. Todo aquel que beba del agua que Jesús da, nunca volverá a tener sed. Es decir, será como "una fuente de agua que brota para vida eterna" y le da vida.

En Juan 6:54-55 se lee, *"El que come mi carne y bebe mi sangre, tiene vida eterna; y yo lo resucitaré en el día final, porque mi carne es verdadera comida, y mi sangre es verdadera bebida".* Esto es la carne y la sangre de Jesús, que es el agua, son eterna.

Además "su carne" se refiere a la Palabra en la Biblia, porque

Jesús es el Verbo que vino en carne a este mundo. Comer Su carne se refiere a mantener y guardar Su Palabra en la mente por medio de la lectura de la Biblia.

La sangre de Jesús es vida, y la vida es la verdad. La verdad es Cristo, y Cristo es el poder de Dios. Todo esto es la sangre de Jesús. Dado que el poder de Dios viene por fe, beber la sangre de Jesús significa obedecer Su Palabra por fe.

Ha aprendido que el agua espiritualmente simboliza la carne de Jesús, que es la Palabra de Dios y el Cordero de Dios. De la misma forma como el agua limpia su cuerpo, la Palabra de Dios limpia todo lo sucio que hay en su corazón. Por eso, en la iglesia se le bautiza en agua y ese bautismo simboliza que es hijo de Dios y que sus pecados han sido perdonados. Mas aún, significa que debe meditar en la Palabra de Dios y limpiarse todos los días por medio de ella.

Nacer de nuevo de agua

¿Cómo se puede entonces lavar la suciedad del corazón por medio de la Palabra de Dios que es el agua eterna?

Hay cuatro tipos de mandamientos que Dios nos da: "Haz esto", "no hagas eso", "guarda aquello" y "echa fuera lo otro". Por ejemplo, Dios nos dice no hacer cosas como: envidiar, odiar, juzgar, robar, adulterar, y asesinar.

Igualmente, no se debe hacer lo que está prohibido y, al mismo tiempo, se debe rechazar toda clase de maldad. Asimismo, se debe guardar el día domingo del Señor, evangelizar, orar, y amarse el uno al otro. Sólo entonces, su corazón gradualmente se llenará de la verdad con la ayuda del Espíritu Santo, y la Palabra de Dios lo limpiará de su injusticia y su pecado. De esta manera, al actuar de acuerdo a la voluntad de Dios, su corazón será circuncidado y será transformado a la verdad, y esto es "nacer de agua".

En consecuencia, a fin de recibir la total salvación, no sólo se debe aceptar a Jesús, sino también circuncidar su corazón obedeciendo la Palabra de Dios en cada momento de su vida.

Nacer de nuevo del Espíritu

Para recibir la salvación, usted debe nacer de agua y también del Espíritu. Entonces, ¿Cómo se puede nacer del Espíritu? En Hechos 19:2, el Apóstol Pablo pregunta a algunos discípulos, "¿Recibisteis el Espíritu Santo cuando creísteis?": ¿Qué cosa es recibir el Espíritu Santo?.

El primer hombre Adán, fue hecho con un "espíritu", un "alma" y un "cuerpo" (1ª Tesalonicenses 5:23). Pero por su desobediencia su espíritu murió. Entonces llegó a ser semejante a un animal hecho de alma y cuerpo (Eclesiastés 3:18).

Si se arrepiente de sus pecados, reconociendo que es un pecador, Dios le da el Espíritu Santo como señal de que es un hijo de Dios (Hechos 2:38).

Todo hijo de Dios que recibe el Espíritu Santo, es capaz de distinguir entre lo bueno y lo malo por la Palabra de Dios y de vivir conforme a la voluntad de Dios por el poder y la fuerza que vienen del cielo por medio de la continua y ferviente oración.

De esta manera, usted vuelve a la verdad y logra tener fe

espiritual en la medida en que su espíritu nace por medio del Espíritu Santo. En Juan 3:6 dice, *"Lo que nace de la carne, carne es; y lo que nace del Espíritu, espíritu es"*, y Juan 6:63 observa, *"El Espíritu es el que da vida; la carne para nada aprovecha"*.

Llegar a ser un hombre de espíritu siguiendo al Espíritu Santo

Cuando uno nace de agua y del Espíritu Santo, obtiene la ciudadanía celestial (Filipenses 3:20). Como hijos de Dios, asistimos a los cultos de adoración, lo alabamos con gozo y nos esforzamos por vivir en la luz.

Antes de recibir el Espíritu Santo, usted vivía en la oscuridad porque no conocía la verdad. Sin embargo, después de recibirlo, procurará vivir permanentemente en la luz. Conforme transcurre el tiempo, se dará cuenta que tiene gozo en su corazón, pero que al mismo tiempo, hay una constante lucha dentro de él. Esto es, porque la ley del Espíritu, que sigue los deseos del Espíritu Santo, lucha contra la ley de la naturaleza pecaminosa que sigue los deseos de la carne del hombre pecador, de la lujuria, los deseos de los ojos y la vanagloria de la vida (1ª Juan 2:16).

El apóstol Pablo habló acerca de esta lucha: *"Pues según el hombre interior, me deleito en la ley de Dios; pero veo otra ley en mis miembros, que se revela contra la ley de mi mente, y que me lleva cautivo a la ley del pecado que está en mis miembros. ¡Miserable de mí! ¿Quién me librará de este cuerpo de muerte?"* (Romanos 7:22-24)

Cuando nace del agua y del Espíritu, recién llega a ser hijo de Dios. Ahora bien, esto no significa que sea una persona espiritualmente perfecta.

Por eso en Gálatas 5:16-17 se nos dice, *"Digo, pues: Andad en el Espíritu, y no satisfagáis los deseos de la carne, porque el deseo de la carne es contra el Espíritu y del Espíritu es contra la carne; y estos se oponen entre sí, para que no hagáis lo que quisierais".*

Para seguir y obedecer al Espíritu Santo, se debe vivir de acuerdo a la Palabra de Dios, y hacer la voluntad que es aceptable y agradable para Dios. De esta manera, si sigue los deseos del Espíritu, no será tentando y podrá derrotar a Satanás que lo tienta para seguir los deseos de la naturaleza pecaminosa. Usted podrá vivir por la verdad y consagrarse fielmente al reino de Dios y a Su justicia.

Cuando sigue los deseos del Espíritu Santo sentirá gozo y paz. No obstante, se sentirá desdichado y agobiado si sigue los deseos de la naturaleza pecaminosa.

Conforme madure en su fe, podrá echar fuera sus pecados y seguir los deseos del Espíritu Santo en toda área de su vida.

Desaparecerán los deseos en su interior que quieren obedecer a la naturaleza pecaminosa. Además, no necesitará esforzarse para despojarse de los pecados y no se sentirá más desdichado. Podrá estar siempre gozoso en cualquier circunstancia.

Dios se agrada con aquéllos que viven de acuerdo a los deseos del Espíritu y les concede los deseos de su corazón como nos lo promete en el Salmo 37:4, *"Deléitate así mismo en Jehová y él te concederá las peticiones de tu corazón".*

Si cambia su corazón y lo llena sólo con la verdad, Dios se agradará mucho y le concederá cualquier cosa.

Es mi profundo deseo que usted pueda nacer del agua y del Espíritu y que viva de acuerdo con los deseos del Espíritu.

Tres testigos: el Espíritu, el agua y la sangre

Como ya he explicado, para ser salvo usted debe nacer del agua y del Espíritu. No obstante; para recibir la salvación completa, deberá ser purificado de todo pecado con la Sangre de Jesucristo caminando en la luz.

Si su corazón no está purificado, usted todavía tiene pecados. Por tanto, necesita la sangre de Jesucristo para ser purificado del pecado remanente. Sobre esto, 1ª Juan 5:5-8 nos dice lo siguiente:

> *"¿Quién es el que vence al mundo, si no el que cree que Jesús es el Hijo de Dios? Este es Jesucristo, que vino mediante agua y sangre; no mediante agua solamente, sino mediante agua y sangre. Y el Espíritu es el que da testimonio, porque el Espíritu es la verdad. Tres son los que dan testimonio en el cielo: El Padre, el Verbo, y el Espíritu Santo; y estos tres son uno. Y tres son los que dan testimonio en la tierra: El Espíritu, el agua y la sangre; y estos tres concuerdan."*

Jesús vino en agua y sangre

En Juan 1:1 se lee , *"Y el Verbo era Dios"* y Juan 1:14, *"Y el Verbo se hizo carne y habitó entre nosotros"*. Este es, Jesús, el unigénito Hijo de Dios y la misma Palabra y el Verbo de Dios, quien vino en carne a este mundo para perdón de nuestros pecados; y que incluso, hoy en día, continúa purificándonos con la Palabra de Dios, la Biblia.

Sin embargo, sin la ayuda del Espíritu Santo, no puede vivir de acuerdo a la Palabra de Dios. Es imposible echar fuera los pecados con su propia fuerza. Usted necesita la ayuda del Espíritu Santo por medio de la oración ferviente para que pueda remover los deseos de la naturaleza pecaminosa, de la lujuria de los ojos y el orgullo de la vanagloria de la vida. Solamente entonces, podrá alejar de su corazón toda mentira y oscuridad de su vida.

Además, se requiere del derramamiento de sangre para ser perdonado. En Hebreos 9:22 se cita *"Sin derramamiento de sangre no hay remisión"*. Necesita la sangre de Jesús porque sólo Su sangre, pura y limpia, nos otorga el perdón.

Debe creer en Jesús, quien vino en agua y sangre, y recibir el Espíritu Santo como don de Dios para alcanzar la salvación, para lo cual necesita lo siguiente: el Espíritu, el agua y la sangre.

Si no hay derramamiento de sangre, no hay perdón y usted estará aún en pecado. Necesita no sólo la Palabra, el agua para ser purificado, sino también el Espíritu Santo para ayudarlo a vivir completamente conforme a la Palabra. Así estos tres están en armonía.

Por eso, luego de ser perdonados de nuestros pecados al haber aceptado a Jesucristo, debemos continuar naciendo del agua y del Espíritu para alcanzar la perfecta salvación, entendiendo el hecho que los tres juntos, el Espíritu, el agua y la sangre, nos salvan y nos conducen al reino de los cielo.

Capítulo 10

¿QUÉ ES HEREJÍA?

- La definición bíblica de herejía
- El Espíritu de verdad
  y el espíritu de mentira

"Hubo también falsos profetas entre el pueblo, como habrá entre vosotros falsos maestros que introducirán encubiertamente herejías destructoras, y hasta negarán al Señor que los rescató, atrayendo sobre sí mismos destrucción repentina. Y muchos seguirán su libertinaje, y por causa de ellos el camino de la verdad será blasfemado. Llevados por avaricia harán mercadería de vosotros con palabras fingidas. Sobre los tales ya hace tiempo la condenación los amenaza y la perdición los espera."

2ª Pedro 2 :1-3

Conforme se ha desarrollado esta civilización materialista, cada día más y más personas niegan la existencia de Dios debido a que dependen de su propia sabiduría y conocimiento. Y mientras el pecado se ha extendido, el espíritu de las personas se ha entenebrecido y se ha corrompido. Por eso, mucha gente es engañada por mentiras, porque no pueden distinguir entre lo verdadero y lo falso. También cometen el error de juzgar a otros basados en su propio concepto de justicia y de acuerdo a sus propios ideales.

En Mateo 12:23-37, Jesús sanó a un hombre ciego y mudo que había estado poseído por un demonio. No obstante, cuando los fariseos oyeron esto dijeron: *"Este no echa fuera los demonios sino por Beelzebú, príncipe de los demonios"* (v.24). Ellos juzgaron que la obra de Dios había sido echa por un demonio.

Jesús les dijo, *"Por tanto os digo: todo pecado y blasfemia será perdonado a los hombres, pero la blasfemia contra el Espíritu no le será perdonada. Cualquiera que diga alguna palabra contra el Hijo del Hombre; será perdonado; pero el que hable contra el Espíritu Santo, no será perdonado, ni en este siglo ni en el venidero"* (Mateo 12:31-32).

Los fariseos concluyeron que lo que Jesús había hecho por el poder de Dios era la obra de un demonio. Esto es blasfemar contra el Espíritu Santo. Por eso, estos fariseos no podían ser perdonados.

Si usted basado en la Biblia distingue claramente entre la verdad y la mentira, no juzgará a otros ni será engañado por lo falso.

Profundicemos un poco más en lo que es "herejía" desde la perspectiva de Dios; en como podemos diferenciar entre el Espíritu de Dios y los espíritus malignos; y al respecto, mencionaremos algunas sectas heréticas ante las que es necesario ser muy cauteloso y estar siempre alertas.

La definición bíblica de herejía

El diccionario de Oxford define "herejía", como "una creencia o una opinión que está en contra de los principios de una religión en particular". Algunas personas sólo consideran verdadero aquello en lo que creen y piensan que las otras religiones son herejías. Por ejemplo, para un budista sólo el budismo es la verdad y la vía correcta. Para ellos las otras religiones no son verdaderas.

Pablo: acusado como cabecilla de una secta herética

En Hechos 24:5 se cita: *"Hemos hallado que este hombre es una plaga, promotor de sediciones entre todos los judíos por todo el mundo, y cabecilla de la secta de los nazarenos"*. Aquí "la secta de los nazarenos" tiene la connotación de "secta herética" y esta es la primera vez que la palabra "secta" aparece en la Biblia.

Los judíos presentaron ante el gobernador romano cargos contra Pablo porque pensaban que el evangelio que Pablo predicaba era herético. Pablo refutó esta acusación y confesó su fe como se recoge en Hechos 24:13-16:

> *"Ni te pueden probar las cosas de que ahora me acusan. Pero esto te confieso: que según el Camino que ellos llaman herejía, así sirvo al Dios de mis padres; creyendo todas las cosas que en la Ley y en los profetas están escritas, con la esperanza en Dios, la cual ellos también abrigan, de que ha de haber resurrección de los muertos, así de los justos como de injustos. Por esto procuro tener siempre una conciencia sin ofensa ante Dios y ante los hombres."*

¿Era el apóstol Pablo en verdad un hereje?

Primero, debemos buscar la definición de herejía en la Biblia porque la Biblia es la Palabra de Dios, la única verdad existente, que puede ayudarnos a discernir entre la verdad y la mentira. El término que tiene una connotación de "secta o grupo herético" aparece cinco veces en la Biblia. Sin embargo, la definición de herejía es mencionada sólo una vez:

> *"Hubo también falsos profetas entre el pueblo, como habrá entre vosotros falsos maestros que introducirán*

250 _ EL MENSAJE DE LA CRUZ

> *encubiertamente herejías destructoras y hasta negarán*
> *al Señor que los rescató atrayendo sobre sí mismos*
> *destrucción repentina." (2ª Pedro 2:1)*

"Y hasta negarán al Señor que los rescató", se refiere a Jesucristo. En el principio el hombre estaba con Dios y vivía de acuerdo a Su voluntad. Sin embargo, después de su desobediencia, Adán se convirtió en pecador y estuvo bajo el dominio y control del diablo. No obstante, Dios tuvo piedad de todos aquellos que iban por la senda de la muerte. Dios envió a Jesús, su único Hijo, como ofrenda de paz y permitió que fuera crucificado, para que por medio de Su sangre, pudiera abrir el camino de la salvación.

Dios obró para nosotros, los que una vez habíamos pertenecido al diablo, para que al creer en Jesucristo, nuestros pecados fueran perdonados. Además recibimos vida eterna y volvemos a ser parte de la familia de Dios otra vez. Por eso, podemos decir que Jesús al ser crucificado, nos compró por precio de sangre y la Biblia nos dice que Jesús es "El soberano Señor que nos compró y redimió".

Los herejes niegan a Jesucristo

Ahora usted sabe que "hereje" se refiere a "aquellos que niegan que el Señor los compró o redimió, atrayendo sobre sí mismos destrucción repentina". Este término nunca antes se había usado hasta que Jesús completó Su misión como el Salvador. El nombre "Jesús" significa "el salvará a su pueblo de sus pecados". "Cristo" es "el ungido". Jesús llegó a ser el Salvador sólo después de haber cumplido Su misión: Ser crucificado y resucitar al tercer día.

Por esto no se puede encontrar este término en el Antiguo Testamento o en los evangelios de Mateo, Marcos, Lucas y Juan, en los cuales se registra la vida de Jesús. Incluso los fariseos, los maestros de la Ley y los sacerdotes que perseguían a Jesús no usaron este término. Tampoco fue usado por los sumos sacerdotes.

Sólo después que Jesús resucitara al completar Su misión como el Cristo, apareció la frase "el pueblo hasta negará al Señor que los rescató". Y a partir de entonces, la Biblia empezó a prevenirnos acerca de estos herejes.

Por lo tanto, si las personas creyeran en Jesucristo como "el Señor que los redimió y los rescató", entonces no son herejes. Si niegan esto son herejes.

El apóstol Pablo no negó a Jesucristo quien lo había rescatado y redimido con Su preciosa sangre. En vez de esto, Pablo dio gracias a Jesucristo, a quien proclamaba donde quiera que fuera; y por eso, fue perseguido y tuvo que pagar un alto precio. Cinco veces recibió de parte de los judíos 40 latigazos menos uno. Una vez fue apedreado. Fue encarcelado, perseguido por los gentiles y por sus propios compatriotas, y fue traicionado por aquellos en quienes confiaba.

A pesar de todo esto, Pablo llegó a ser un hombre de gran poder, sobreponiéndose y venciendo esos sufrimientos con gozo y gratitud, y glorificando a Dios, sanando a incontables personas en el nombre de Jesucristo hasta el día en que murió como un mártir.

Pablo predicó el evangelio con demostración del poder de Dios

Debe saber que el poder de Dios no puede ser demostrado por aquellos que niegan a Dios el Creador y a Jesucristo, quien tiene la misma naturaleza de Dios, porque la Biblia explícitamente lo dice, *"Una vez habló Dios; dos veces he oído esto: que de Dios es el poder"* (Salmo 62:11).

No se debe juzgar a una persona que muestra el poder de Dios porque ese poder prueba que ama a Dios y que Dios está con él. En Gálatas 1:6-8, Pablo, a quien se le había llamado cabecilla de la secta de los nazarenos, nos previene en forma muy rigurosa a no seguir ni predicar un evangelio diferente al mensaje de la cruz:

> *"Estoy asombrado de que tan pronto os hayáis alejado del que os llamó por la gracia de Cristo, para seguir un evangelio diferente, no que haya otro, sino que hay algunos que os perturban y quieren alterar el Evangelio de Cristo. Pero si aún nosotros o un ángel del cielo, os anuncia un Evangelio diferente del que os hemos anunciado, sea anatema."*

Aún hoy en día, algunas personas son consideradas o juzgadas como herejes aun cuando nunca han negado a Jesucristo y sólo han predicado el evangelio de Cristo, proclamando al Dios viviente y demostrando y obrando con Su poder.

No juzgar inopinadamente a otros como herejes

Yo también he sufrido y soportado una serie de pruebas al ser acusado de hereje por manifestar el poder de Dios y porque mi iglesia crecía cada vez más. De hecho, desde que se fundó la iglesia en 1982, el número de la congregación ha crecido a más de 100 mil miembros en las últimas dos décadas.

Por siete años padecí de muchas enfermedades y fui sanado inmediatamente por el poder de Dios. A partir de entonces procuré vivir para la gloria de Dios de la forma como lo hizo el apóstol Pablo. Puse mi vida en las manos de Dios y me concentré sólo y siempre en Jesús.

Desde que era laico, intenté testificar que Dios me había sanado y predicar el evangelio. Luego de ser llamado como siervo de Dios, prediqué el mensaje de la cruz y proclamé al Dios viviente y a Jesús el Salvador. Incluso testifiqué acerca de Dios cuando oficié un matrimonio porque deseaba de todo corazón que más gente fuera salva.

Me di cuenta que la poderosa Palabra de Dios y la evidencia del Dios viviente eran necesarias para dar testimonio del Señor hasta lo último de la tierra. Con este fin, oraba intensamente como lo hicieron los patriarcas de la fe, para recibir el poder de Dios y superar con gozo y gratitud todas las pruebas.

Algunas veces hubieron pruebas tremendas. Sin embargo, tal como Jesús recibió la gloria de la resurrección luego de Su inmaculada muerte, Dios aumentó mi poder conforme a Su voluntad cada vez que vencía una a una estas pruebas.

Como resultado de ello, desde el año 2000, cada vez que

predicaba alrededor del mundo, en países como; Kenya, Uganda, Honduras, Japón, incluso en países mayoritariamente musulmanes e hindúes como Pakistán y la India, por qué Dios es el único Dios verdadero y por qué sólo Jesucristo es nuestro Salvador, decenas de miles de personas se arrepentían, los ciegos recibían la vista, los mudos hablaban, los sordos oían, y enfermedades incurables como el sida y diversos tipos de cáncer eran sanados. Estos milagros glorificaban grandemente a Dios.

Por lo tanto, alguien que entiende completamente lo que es herejía, no juzgará ligeramente a otros como herejes. En Hechos 5:33-42, se lee acerca de Gamaliel, un maestro de la ley, quien era un hombre respetado y reconocido por todo el pueblo. ¿Cómo actuó él?

En ese tiempo, los fariseos del Sanedrín prohibieron a Pedro y a Juan testificar de Jesucristo. Sin embargo, ellos llenos del Espíritu Santo no obedecieron al Concilio. Por eso, los miembros del Sanedrín querían matar a los apóstoles. Sin embargo, Gamaliel se paró ante el Sanedrín y ordenó que estos hombres fueran llevados por un momento afuera. Entonces se dirigió a ellos:

"Israelitas, mirad por vosotros lo que vais a hacer respecto a estos hombres; ...y ahora os digo: apartaos de estos hombres y dejadlos, porque si este concejo o esta obra es de los hombres, se desvanecerá; pero si es de Dios, no la podréis destruir; no seáis tal vez hallados luchando contra Dios." (Hechos 5:35-39)

Como se lee en este pasaje, usted podrá saber si un hecho milagroso no es de Dios, si fracasa al final; aún cuando las personas no hicieran nada por detenerlo. No obstante, si las obras son de Dios, aunque se opongan o estorben, no serán capaces de detenerlas. En vez de ello, se encontrarán luchando contra Dios y serán objeto de Su castigo y juicio.

Algunas veces las personas juzgan a otras como herejes, porque difieren en la interpretación de la Biblia, en las visiones del Espíritu Santo e incluso en cuanto al **don de lenguas,** aún cuando todos ellos reconocen la Trinidad de Dios y que Jesucristo vino en carne.

Incluso algunos dicen que no necesitan del **don de lenguas** ni de las **visiones** y que estas obras del Espíritu Santo son equivocadas y malinterpretadas porque no se registra ni se menciona que Jesús hablara en lenguas ni tuviera visiones.

Sin embargo, la Biblia menciona que esto es bueno para nuestra edificación:

"Pero a cada uno le es dada la manifestación del Espíritu para el bien de todos. A uno es dada por el Espíritu palabra de sabiduría, a otro palabra de conocimiento según el mismo Espíritu; a otro, fe por el mismo Espíritu; y a otro dones de sanidades por el mismo Espíritu. A otro el hacer milagro; a otro profecía; a otro, discernimiento de espíritus; a otro diversos géneros de lengua y a otro interpretación de lenguas. Pero todas estas cosas las hace uno y el mismo Espíritu, repartiendo a cada uno en particular como el

quiere." (1ª Corintios 12:7-11)

Consecuentemente, no se debe calumniar ni juzgar como herejes a aquellos que tienen diferentes clases de dones del Espíritu sólo porque usted mismo no los experimenta.

El Espíritu de verdad y el espíritu de mentira

En 2ª Pedro 2:1, hay una explicación acerca de la herejía. La Biblia previene acerca de falsos profetas y maestros que secretamente introducen herejías destructivas. *"Y muchos seguirán su libertinaje, y por causa de ellos, el camino de la verdad será blasfemado. Llevados por la avaricia harán mercadería de vosotros con palabras fingidas. Sobre los tales ya de hace tiempo la condenación los amenaza y la perdición los espera"* (2ª Pedro 2:2-3).

También en 1ª Juan 4:1-3 se cita, "Amados, no creáis a todo espíritu, sino probad los espíritus si son de Dios, porque muchos falsos profetas han salido por el mundo. En esto conoced el Espíritu de Dios: todo espíritu que confiesa que Jesucristo ha venido en carne, es de Dios, y todo espíritu que no confiesa que Jesucristo ha venido en carne, no es de Dios; y este es el espíritu del anticristo, el cual vosotros habéis oído que viene, y que ahora ya está en el mundo".

Probar si el espíritu es o no de Dios

Hay espíritus buenos que pertenecen a Dios y que lo guían a la salvación, y también hay espíritus malvados que lo engañan para su perdición.

Aquel que tiene el Espíritu de Dios, reconoce que Jesucristo vino en carne. Cree en la Trinidad de Dios: Dios Padre, Jesucristo y el Espíritu Santo. Por tanto está sellado como hijo de Dios. Puede entender la verdad, y con la ayuda del Espíritu Santo, vive conforme a la verdad.

Sin embargo, el que tiene el espíritu del anticristo se opone a Jesucristo con la Palabra de Dios y niega Su obra redentora. Debe tener mucho cuidado y ser capaz de distinguir a los anticristos, porque el anticristo a menudo obra entre los creyentes al usar o emplear mal la Palabra de Dios.

En todo caso, negar a Jesucristo es lo mismo que pelear contra Dios, quien lo envió a este mundo.

La Biblia nos advierte acerca del anticristo en 2ª Juan 1:7-8 de la siguiente manera:

"Muchos engañadores han salido por el mundo que no confiesan que Jesucristo ha venido en carne. Quien esto hace, es el engañador y el anticristo. Mirad por vosotros mismos, para que no perdáis el fruto de vuestro trabajo, sino que recibáis la recompensa completa."

En 1ª Juan 2:19 hay otra advertencia para nosotros: *"Salieron de nosotros, pero no eran de nosotros, porque si hubieran sido de nosotros, habrían permanecido con nosotros; pero salieron para que se manifestara que no todos son de nosotros."*

Hay dos clases de anticristo: el hombre que está poseído por el espíritu del anticristo y el hombre que es engañado por el espíritu del anticristo. Ambos tratan de engañar al ser humano que tiene el Espíritu Santo. Capturan a los hombres para oponerse a la Palabra de Dios y los engañan por medio de sus razonamientos. Aquellos cuyos pensamientos están totalmente controlados por el espíritu del anticristo se les llama "endemoniados o poseídos".

Si un ministro transmite el espíritu del anticristo, estaría conduciendo a los miembros de esa iglesia por el camino de la perdición, cautivados por el espíritu del anticristo.

Por eso, usted debe saber claramente del Espíritu de verdad y del espíritu de mentira a fin de no ser engañado por el espíritu del anticristo y así poder vivir conforme a la verdad y a la luz.

Cómo distinguir y discernir los espíritus

En 1ª Juan 4:5-6 se cita, *"Ellos son del mundo; por eso hablan de las cosas del mundo y el mundo los oye. Nosotros somos de Dios; el que conoce a Dios, nos oye; el que no es de Dios no nos oye. En esto conocemos el espíritu de verdad y el espíritu de error"*.

El término "mentira o error" se refiere a "una declaración que no es verdadera". El espíritu de error es un espíritu mundano que lo engaña haciéndolo creer que lo falso es verdadero, y lo lleva fuera de los límites de la fe. Es decir, aquél que es de Dios escucha la palabra de verdad, pero el que pertenece al mundo escucha las palabras mundanas y no la verdad. Por eso es fácil reconocerlos. Si conoce la verdad, le resultará obvio poder diferenciar la luz de las tinieblas. Entonces podrá aseverar, "esta persona está en la verdad, pero aquella otra persona está en la oscuridad".

Por ejemplo, si el día domingo alguien dice, "vayamos de paseo en la tarde. Asistamos sólo al servicio de la mañana ¿Acaso no es suficiente?" O si trata de oponerse al reino de Dios por medio de la mentira; afirmando incluso que cree en Dios; ese es el obrar del espíritu de mentira.

Si recibe el Espíritu de verdad que viene de Dios, usted podrá entender muchas cosas que Dios le revelará libremente (1ª Corintios 2:12). Es porque el Espíritu Santo mora en usted, que es un precioso hijo de Dios. Él es el Espíritu de verdad y lo guía a toda verdad. No habla por su propia cuenta; habla sólo lo que Él escucha, y aún le dirá lo que está por venir.

Por eso, Jesús dice en Juan 14:17, *"El Espíritu de verdad, al cual el mundo no puede recibir, porque no lo ve ni conoce; pero vosotros lo conocéis porque vive con vosotros y estará en vosotros"*. En Juan 15:26 nos recuerda otra vez del Espíritu Santo: *"Pero cuando venga el Consolador, a quien yo os enviaré del Padre, el Espíritu de verdad, el cual procede del Padre, él dará testimonio acerca de mí"*.

Asimismo en 1ª Corintios 2:10 se lee, *"Pero Dios nos la reveló a nosotros por el Espíritu, porque el Espíritu todo lo escudriña, aún lo profundo de Dios"*. Como está escrito, el Espíritu Santo es el único que conoce totalmente y percibe o escudriña la mente de Dios. Consecuentemente, aquellos que han recibido el Espíritu de verdad escuchan y oyen la Palabra de verdad y la obedecen. Mientras más difundan y se extienda el reino de Dios y Su justicia, más se gozarán y se regocijarán. Estarán llenos de vida, anhelando el reino celestial.

No obstante, algunos asisten a la iglesia sin gozo porque no poseen la fe que agrada a Dios. Aún pertenecen al mundo y prefieren las cosas mundanas, como el dinero y las diversiones. Y como no pueden vivir en la verdad, no pueden anhelar el reino celestial ni amar a Dios de todo corazón.

Finalmente, estas personas dejan a Dios por el espíritu de mentira, porque pertenecen al mundo y no tienen el Espíritu de verdad. Asimismo, si alguien calumnia o murmura acerca de otros hermanos en la fe o turba o inquieta a otros, envidiándolos por ser fieles al reino de Dios y a Su justicia, no tiene el Espíritu de verdad.

No permita que nadie lo desvíe

En 1ª Juan 3:7, se nos insta a seguir: *"Hijitos, que nadie os engañe; el que hace justicia es justo, como él es justo"*. Usted no debe alejarse de la Palabra de Dios para no ser engañado por filosofías falsas, porque sólo la Palabra de Dios puede instruirle. Sólo entonces tendrá la completa seguridad de su salvación; será prosperado en este mundo y disfrutará de la vida eterna en el reino celestial.

Sin embargo, el diablo hará todo lo posible para evitar que los hijos de Dios vivan por la Palabra y más bien se comprometan con el mundo, se alejen de Dios, duden de Él, y se le opongan. En

1ª Pedro 5:8 se cita, *"...porque vuestro adversario el diablo, como león rugiente anda alrededor buscando a quien devorar"*.

¿Cómo puede Satanás engañar a los hijos de Dios? Esto se puede comparar a una mujer que es tentada por un hombre. Si una mujer se viste con gracia y dignidad y se comporta de una manera bien educada, los hombres no se atreverán a provocarla. Caso contrario, el hombre puede muy fácilmente inducir al mal a aquella persona que no se comporta apropiadamente. Del mismo modo, Satanás se aproximará a aquél que no se pare firme en la verdad, y que duda de Dios. El diablo tienta a estas personas para que se alejen de Dios y se le opongan, y al final las conduce por el camino de la perdición y de la muerte.

Eva también fue tentada por el diablo porque fue sorprendida desprevenida al alterar la Palabra de Dios.

Por supuesto, aún cuando no cometa ninguna falta, usted podrá enfrentar pruebas. Es porque Dios desea bendecirlo de la forma como bendijo a Daniel luego de ser arrojado al foso de los leones o cuando Abraham tuvo que ofrecer a su único hijo como sacrificio a Dios.

Cuando enfrenta pruebas y dificultades por no estar parado firme en la verdad, inmediatamente deberá de arrepentirse y dejar el pecado, echar fuera y rechazar toda tentación con la Palabra de Dios y hacer su máximo esfuerzo para permanecer firme en la roca de la verdad.

Párese firmemente en la verdad y no será engañado

En 1ª Timoteo 4:1-2 se menciona, *"Pero el Espíritu dice claramente que en los últimos tiempos, algunos apostatarán de la fe, escuchando a espíritus engañadores y a doctrinas de demonios, de hipócritas y mentirosos, cuya conciencia está cauterizada".*

Este pasaje se refiere a los últimos días durante los cuales algunas personas que afirman tener fe se apartarán de su fe siguiendo espíritus engañadores y enseñanzas de demonios.

Los engañadores son personas hipócritas, aun cuando sus hechos parezcan verdaderos y justos. Ellos oran delante de otros y tratan de ser fieles por dinero y no por gratitud a la gracia de Dios. Al final, abandonan su fe y van por el camino de la perdición y de la muerte porque sus conciencias están cauterizadas por la mentira, por vivir fuera de la verdad y por ser indulgentes con las diversiones mundanas.

A lo largo de la Biblia, Dios nos previene severamente para que no nos dejemos engañar. Jesús nos advierte en Mateo 7:15-16: *"Guardaos de los falsos profetas que vienen a vosotros vestidos de ovejas pero por dentro son lobos rapaces. Por sus frutos los conoceréis. ¿Acaso se recogen uvas de los espinos o higos de los abrojos?".*

Las palabras y las acciones de uno reflejan sus pensamientos y voluntad. Es decir, usted podrá reconocer a las personas por sus frutos. Si alguien tiene un fruto malo como odio, envidia y celos, en vez del fruto de la verdad, bondad, y justicia, es un falso profeta. Muchos falsos profetas, con el espíritu del anticristo, están presentes en el mundo. Por eso, los hijos de Dios necesitan tener un claro conocimiento sobre la herejía y poder distinguir entre el Espíritu de verdad y el espíritu de mentira.

Satanás y los demonios nunca desperdician una oportunidad para engañar a los hijos de Dios y hacerlos pecar cuando titubean o dudan de la verdad. Cuando usted permanece firme en la verdad y la obedece, no será engañado por el espíritu de mentira, sino que vencerá fácilmente ese espíritu aún cuando se le aproxime.

No debe admitir ni adherir ninguna otra enseñanza ni ser engañado por esas doctrinas que están en contra de la verdad. En vez de ello, obedezca la Palabra de Dios y siga la dirección del Espíritu Santo, a fin que pueda permanecer irreprensible hasta la segunda venida de nuestro Señor Jesucristo.

Jesús nos dice que *"el hombre bueno del buen tesoro del corazón saca buenas cosas y el hombre malo del mal tesoro saca malas cosas", pero yo os digo que de toda palabra ociosa que hablen los hombres, de ella darán cuenta en el día del Juicio, pues por tus palabras serás justificado, y por tus palabras serás condenado"* (Mateo 12:35-37).

El hombre bueno tiene un buen corazón y no puede causar maldad o daño a otra persona, sin importar si le beneficia o no.

Sin embargo, el hombre malo no puede regocijarse en la verdad. Causa y provoca toda clase de maldad para hacer tropezar a otros debido a su envidia y celos. Aún cuando sus palabras parezcan correctas y justas, no podremos decir que es un hombre bueno si habla mal de otros o trata de apartar a una persona de otra.

Por eso, siempre tiene que orar y estar alerta para no ser engañado. Debe poder distinguir si los espíritus son verdaderos o no, y nunca juzgar a otros. Además, debe permanecer firme en su fe en la Trinidad: el Padre, el Hijo y el Espíritu Santo; creer en toda la Biblia y obedecerla y vivir de acuerdo a ella.

"¡Ven, Señor, Jesús!".

El autor:
Dr. Jaerock Lee

El Rev. Dr. Jaerock Lee nació en 1943 en Muan, Provincia de Jeonnam, República de Corea. A sus veinte años, él padeció de una serie de enfermedades incurables durante siete años, y al no tener ninguna esperanza de recuperación, él esperaba únicamente la muerte. Cierto día, durante la primavera de 1974, fue invitado por su hermana a una iglesia, y cuando se inclinó para orar, el Dios vivo inmediatamente lo sanó de todas sus enfermedades.

Desde el momento en que el Rev. Dr. Lee conoció a Dios a través de aquella experiencia maravillosa, él ha amado a Dios con todo su corazón y sinceridad. En 1978 él recibió el llamado a ser un siervo de Dios. Clamó fervientemente a fin de entender con claridad la voluntad de Dios y llevarla a cabo por completo, y obedeció a cabalidad la Palabra de Dios. En 1982 fundó la Iglesia Central Manmin en Seúl, Corea del Sur, e innumerables obras de Dios, incluyendo sanidades o prodigios milagrosos, han tomado lugar en la iglesia.

En 1986 el Rev. Dr. Lee fue ordenado como pastor en la Asamblea Anual de la Iglesia de Jesús de Sungkyul de Corea, y cuatro años más tarde sus sermones empezaron a ser transmitidos en Australia, Rusia, las Filipinas, y otros lugares a través de la Compañía de Radiodifusión del Lejano Oriente, la Estación de Radiodifusión de Asia, y el Sistema Radial Cristiano de Washington.

Luego de transcurridos tres años, en 1993, la Iglesia Central Manmin fue denominada por la Revista *Christian World* de EE. UU. como una de las "50 Iglesias Principales del Mundo". El mismo año el Dr. Lee obtuvo un Doctorado Honorario en Teología en Christian Faith College, Florida, EE. UU., y en 1996 obtuvo un Ph.D. en Ministerio en el Seminario Teológico de Kingsway en Iowa, EE. UU.

Desde 1993, el Rev. Dr. Lee ha tomado la batuta en el área de las misiones mundiales a través de cruzadas evangelísticas internacionales en Tanzania, Argentina, en las ciudades de Los Ángeles, Baltimore, Hawai y

Nueva York en los Estados Unidos, Uganda, Japón, Pakistán, Kenia, las Filipinas, Honduras, India, Rusia, Alemania, Perú, República Democrática de Congo, e Israel. En el año 2002 los principales diarios cristianos de Corea lo nombraron "el Pastor mundial" por su labor en varias Grandes Cruzadas Unidas internacionales.

Hasta julio de 2011, la Iglesia Central Manmin cuenta con una congregación de más de 120.000 miembros; tiene 9.000 iglesias filiales locales e internacionales en el mundo entero, más de 137 misioneros que han sido comisionados a 23 países, entre ellos los Estados Unidos, Rusia, Alemania, Canadá, Japón, China, Francia, India, Kenia, y muchos más.

Hasta la fecha de esta publicación, el Dr. Lee ha escrito 63 libros, incluyendo algunos en lista de superventas de librería tales como *GOZANDO DE LA VIDA FRENTE A LA MUERTE, MI VIDA MI FE I y II, EL MENSAJE DE LA CRUZ, LA MEDIDA DE FE, CIELO I y II, INFIERNO,* y *EL PODER DE DIOS.* Sus obras han sido traducidas a más de 64 idiomas.

Sus editoriales cristianos se publican en los diarios *The Hankook Ilbo, The Chosun Ilbo, The JoongAng Daily, The Dong-A Ilbo, The Munhwa Ilbo, The Seoul Shinmun, The Kyunghyang Shinmun, The Hankyoreh Shinmun, The Korea Economic Daily, The Korea Herald, The Shisa News,* y *The Christian Press.*

El Dr. Lee es actualmente el líder de muchas organizaciones y asociaciones misioneras, entre ellas: Presidente de la Iglesia de la Santidad Unida de Jesucristo, Presidente de la Misión Mundial Manmin, Fundador de Manmin TV, Fundador y Presidente de la Junta de Global Christian Network (GCN), Fundador y Presidente de la Junta de la Red Mundial de Médicos Cristianos (WCDN por sus siglas en inglés), y Fundador y Presidente de la Junta del Seminario Internacional Manmin (MIS por sus siglas in inglés).

Cielo I & II

Una descripción detallada del maravilloso y vívido ambiente que los ciudadanos del Cielo disfrutarán en los cinco niveles del Reino de los Cielos, además de una hermosa descripción de cada uno de ellos.

Mi Vida, Mi Fe I & II

La autobiografía del Dr. Jaerock Lee proporciona un fragante aroma espiritual a los lectores a través de su vida extraída del amor de Dios que brotó en medio de olas oscuras, un yugo frío y la mayor desesperación.

Gozando de la Vida Frente a la Muerte

El testimonio de la vida y de las experiencias del Reverendo Dr. Jaerock Lee, quien nació de nuevo y fue rescatado del valle de la muerte, y que desde entonces ha vivido una vida cristiana ejemplar.

La Medida de Fe

¿Qué tipo de lugar celestial y qué tipo de corona y recompensas están preparadas para usted en el Cielo? Este libro proporciona la sabiduría y guía para que usted mida su fe y cultive una fe mejor y más madura.

Infierno

Un sincero y ferviente mensaje de Dios para toda la humanidad. ¡Dios desea que ningún alma caiga en las profundidades del infierno! Usted descubrirá una descripción nunca antes revelada de la cruel realidad del Hades y del Infierno.

www.ingramcontent.com/pod-product-compliance
Lightning Source LLC
Chambersburg PA
CBHW030405130626
46549CB00004B/1637